JOSÉ MARÍA TORRALBA

UMA EDUCAÇÃO LIBERAL

Elogio dos grandes livros

JOSÉ MARÍA TORRALBA

Uma educação liberal

Elogio dos grandes livros

Tradução
Élcio Carillo

QUADRANTE

Todos os direitos reservados a
QUADRANTE EDITORA
Rua Bernardo da Veiga, 47 | Tel.: 3873-2270
CEP 01252-020 | São Paulo - SP
atendimento@quadrante.com.br
www.quadrante.com.br

Direção geral
Renata Ferlin Sugai

Direção de aquisição
Hugo Langone

Direção editorial
Felipe Denardi

Produção editorial
Juliana Amato
Gabriela Haeitmann
Karine Santos
Ronaldo Vasconcelos

Capa
Gabriela Haeitmann

Diagramação
Sérgio Ramalho

Título original: *Una educación liberal*
Edição: 2ª
Copyright © Ediciones Encuentro S.A., Madrid 2022.

Dados Internacionais de Catalogação na Publicação (CIP)

Torralba, José María
Uma educação liberal: elogio dos grandes livros / José María Torralba — 2ª ed. — São Paulo: Quadrante Editora, 2025.

ISBN: 978-85-7465-817-9

1. Catequese – Igreja Católica 2. Espiritualidade 3. Liberdade – Aspectos religiosos – Cristianismo 4. Pensamento religioso I. Título

CDD-261.72

Índices para catálogo sistemático:
1. Liberdade : Cristianismo 261.72

Sumário

Prefácio   9

Introdução   17

1

O debate sobre a necessidade das humanidades. Que humanidades? Para quem?   29

2

Como se inventaram as humanidades. Origem e desenvolvimento do *core curriculum*   39

3

Sabedoria, juízo e verdade: três características da educação liberal   69

4

Os grandes livros de uma universidade de tradição napoleônica   89

5

Educação ética e do caráter na universidade   119

6

Nascida do coração da Igreja: universidade e cristianismo   133

7

A universidade como comunidade intelectual   149

Conclusão   157

Agradecimentos   165

Referências bibliográficas   171

A Alejandro Llano,
que pela primeira vez me falou
sobre a educação liberal.

Prefácio

Uma educação liberal é um livro importante. É o exemplo mais completo que conheço no âmbito europeu do movimento intelectual que, nos dois lados do Atlântico, se propôs a reparar os danos acadêmicos, culturais e institucionais que a tradição da educação humanista sofreu. Nestas páginas, José María Torralba aborda a história da educação liberal e seus princípios teóricos, bem como os problemas práticos que costumam impedir ou dificultar a formação dos estudantes de humanidades, independentemente do curso que tenham escolhido. O resultado é um livro que não só nos educa e inspira, mas que também nos desafia e nos oferece as ferramentas necessárias para fazer frente ao desafio. Este desafio refere-se ao futuro da educação universitária num mundo cada vez mais tecnocrático, com mudanças profundas e rápidas, no qual está em jogo o próprio sentido do que significa ser humano. Este livro é importante não só por sua reflexão sobre a instituição que é a universidade, mas também por sua contribuição ao nosso pensamento social, seguindo a linha de José Ortega y Gasset em *Missão da universidade* (1930).

A missão que predomina na universidade contemporânea, embora com diferenças notáveis entre os vários modelos, é a da pesquisa: a descoberta, acumulação e divulgação do conhecimento. Entre os séculos XVI e

XVIII, a universidade do final da Idade Média — aquela que René Descartes abandonou por preferir a pesquisa que viríamos a denominar científica — estava se desfazendo e dando lugar a um novo paradigma. Fala-se, às vezes, da revolução científica, ou do Iluminismo, ou da idade da razão, enfatizando um ou outro aspecto da transformação epistemológica que, ao longo do tempo, nos conduziu à modernidade, com suas formas de organização características: revolução industrial, democratização, secularização e livre mercado. Entre suas principais instituições, destaca-se a universidade moderna, que se tornou veículo fundamental para a transmissão da nova concepção epistemológica.

O triunfo da universidade moderna como instituição coincide com o da ciência enquanto mãe da modernidade. Desde meados do século XIX e ao longo do século XX, a universidade virou o rosto para o outro lado, deixando de olhar para a tradição e fixando os olhos na novidade e nas descobertas. Tornou-se, então, mais um promotor do futuro do que um guardião do conhecimento herdado. O espírito dessa reorientação foi bem captado por Ralph Waldo Emerson, quando observou em *Círculos* que "somente o que está por vir é sagrado".

Não se trata de questionar o sucesso do regime epistemológico moderno, nem de minimizar suas conquistas, nem mesmo de tentar deslocar o domínio da ciência na universidade atual. No entanto, precisamos reconhecer, antes que seja tarde demais, que, com esta forma de progredir no conhecimento, tem sido negligenciada a formação humana dos alunos. Essa formação humanística também pode ser chamada de educação ética ou educação cultural. Em todo caso, trata-se daquela educação "liberal" de que falava Aristóteles na *Política*

Prefácio

e que é oferecida ao aluno "não porque seja útil ou necessária, mas porque é livre e bela" (VIII, cap. 4, 1338a, 30-31). É justamente essa educação que, em grande medida, tem sido excluída da abordagem epistemológica e da organização curricular da universidade moderna.

Chama-se educação "liberal" justamente porque se dirige à condição de cada pessoa como agente dotado de livre-arbítrio, ou seja, como alguém que tem a inevitável necessidade de organizar sua vida de acordo com alguma noção — assumida ou elaborada — do bem humano. A educação liberal não considera o aluno como um futuro médico, engenheiro ou profissional de qualquer natureza, mas como ser humano em processo de desenvolvimento e amadurecimento, isto é, na condição de pessoa que deve orientar sua vida e tornar-se membro responsável de uma comunidade. Essa pessoa — qualquer pessoa — é obrigada a usar a própria liberdade e, em nossas democracias, tem também a obrigação de ocupar um lugar na sociedade, exercendo seus direitos de cidadão. Como preparar uma pessoa assim para enfrentar essas responsabilidades da forma mais correta, consciente e eficaz? Esta é a missão da educação liberal, uma educação que se baseia na condição livre do ser humano e que busca despertar no estudante a consciência de sua responsabilidade. É "liberal" aquela educação que se cultiva não como meio para atingir outro fim, mas como fim em si mesmo, com valor intrínseco. O seu valor não depende da sua utilidade, mas da dignidade inerente ao sujeito a quem se destina. Pelo tipo de seres que somos — seres cujas aspirações, preocupações e bem-estar não se reduzem à alimentação diária —, a universidade, mesmo a universidade moderna, negligencia a sua missão essencial quando não reconhece o aluno como algo mais do que um aspirante

Uma educação liberal: elogio dos grandes livros

a obter uma qualificação profissional. A universidade, além de preparar o aluno para o mercado de trabalho, deve preparar o jovem para uma vida cujas dimensões superam as necessidades materiais. Cabe também à universidade cuidar do aluno em sua dimensão pessoal e cívica. Esse é o papel da educação liberal.

Por que é importante que as universidades retomem sua missão de formar não apenas profissionais, mas cidadãos, não apenas especialistas, mas pessoas completas? Torralba explica-o com estas palavras: "Quem é o responsável por que as coisas mudem na sociedade? A resposta mais comum em nossas latitudes é: 'O Estado e os políticos.' Sem pretender diminuir a responsabilidade destes, pois essa é a sua função, atrevo-me a dizer que, neste aspecto, a instituição universitária é tão ou mais responsável. Nela preparam-se os futuros profissionais. Além disso, seus *campi* recebem anualmente novos cidadãos e futuros líderes sociais, justamente em idades decisivas para o desenvolvimento e o amadurecimento pessoal." Querendo ou não, a universidade tem uma responsabilidade ética perante a sociedade. Trata-se de uma obrigação que nunca desaparece, embora possa — e, infelizmente, costume — ser negligenciada. Este livro serve de argumento, justificação e orientação a respeito de como as nossas universidades deveriam dar resposta à sua responsabilidade social.

Talvez a maior contribuição prática de *Uma educação liberal* seja sua exposição do valor educativo dos seminários de grandes livros. Os seminários de grandes livros são uma metodologia de ensino que se caracteriza por seguir "um currículo baseado na leitura e na discussão, em pequenos grupos, das grandes obras da cultura ocidental", e no qual "os participantes se envolvem existencialmente". Num dos capítulos, o autor

Prefácio

explica como se desenvolveu a recente implementação do Programa de Grandes Livros na Universidade de Navarra, do qual participam atualmente cerca de mil alunos de graduação. Eu diria que esta foi uma conquista significativa no cenário da educação liberal na Europa e representa uma experiência que pode ser útil para outras instituições. Com sua modéstia característica, ao longo de sua exposição Torralba sugere que "nós, enquanto sociedade, estaríamos melhor se aqueles que se dedicam à política tivessem de passar previamente por cursos deste tipo".

Entre as muitas virtudes do livro, destaca-se a atenção que dá à prática docente, ao que acontece na sala de aula e, sobretudo, ao que ocorre na vida dos alunos e professores que as ocupam. As vozes dos alunos, em forma de episódios e reflexões sobre a e experiência docente do autor, dão brilho e contundência aos argumentos de José María Torralba — por exemplo, quando nos conta algo que aconteceu consigo após realizar um debate em aula sobre uma questão ética atual. Torralba apresentou em aula a sua própria conclusão tendo em conta os vários argumentos que foram surgindo. Então, uma aluna levantou a mão e disse: "O senhor tem razão. O argumento está correto, mas eu não compartilho dele." Torralba explica que este foi "um momento de crise na minha vocação de professor". O evento ilustra a realidade de que o amor pela verdade não é algo que possamos dar por certo em nossos alunos, nem que seja alcançado com argumentos ou admoestações; cabe apenas cultivá-lo em sala de aula.

Podemos alimentar as inteligências e refinar as habilidades de nossos alunos, mas também devemos cultivar disposições que cheguem até algo mais profundo. O aspecto liberal de uma educação universitária preocupa-se com que os nossos alunos não saibam apenas fazer cálculos corretamente, mas também com que desenvolvam um interesse pela verdade, pela retidão de juízo e pela integridade intelectual. São essas disposições que se transmitem mais por um processo de contágio do que por instrução explícita. Isto se consegue por meio do trabalho intelectual do professor e dos outros alunos. O professor tem um papel que não é de autoridade absoluta, mas de condutor de um processo de crescimento intelectual coletivo. E vale ressaltar que essas disposições permeiam todos os aspectos da vida do aluno, desde sua interioridade privada até suas ações mais públicas.

Este livro é um convite às universidades para desenvolver ou fortalecer seus programas de estudos gerais ou programas de educação humanista. Cada instituição terá suas próprias tradições, valores, recursos e possibilidades. Não existe um modelo único que sirva para todas. Mas, em todas elas, é possível flexibilizar a grade curricular do aluno e atenuar a compartimentalização do conhecimento nos estudos de graduação, bem como o desmantelamento da formação humanista. Como exemplo — e, em certos casos, como modelo — do que é possível realizar hoje, a experiência da Universidade de Navarra, aqui apresentada de forma eloquente, é altamente instrutiva. Além disso, para as universidades de inspiração cristã, Torralba mostra que a coexistência de sua dupla identidade — como universidade e como instituição religiosa — não só é possível, mas também mutuamente benéfica, já que "a natureza de ambas as identidades é a mesma: a pergunta pela verdade".

Torralba conclui seu brilhante livro com dez princípios de educação humanista. A lista e a explicação de cada princípio resumem bem a essência de todo o texto. Destaco o último: "Ler os clássicos". Esta indicação está diretamente ligada à proposta que traz o livro em seu conjunto, e que foi o que Ortega fez há quase um século na *Missão da universidade*: "Criar uma 'Faculdade de Cultura', ou seja, um *core curriculum*. Talvez tenha chegado o momento de aceitar o desafio." É isso mesmo.

Roosevelt Montás[1]

---

1 Professor da Universidade de Columbia, onde foi diretor do Center for the Core Curriculum, entre 2008 e 2018. Atualmente, dirige o Programa Liberdade e Cidadania, o qual, por meio do estudo dos textos fundacionais, apresenta a alunos de baixa renda do ensino médio a tradição do pensamento político ocidental. Em 2021, publicou *Rescuing Socrates: How the Great Books Changed My Life and Why They Matter for a New Generation* (Princeton University Press).

Introdução

Viajar faz parte da vida humana. Se há algo que aprendemos com Heródoto, é que as fronteiras existem para serem cruzadas; e os viajantes mais próximos de nós no tempo, como Kapuściński ou Magris, ensinaram-nos a fazê-lo. As viagens que fazemos — geográficas, sentimentais ou espirituais — traçam o horizonte da nossa existência. Viajar permite-nos viver mais e, às vezes, até melhor. É como os momentos que dedicamos à leitura, que dilatam o nosso tempo e a nossa vida.

Este livro começou com uma viagem, uma década atrás, aos Estados Unidos. Transferi-me para a Universidade de Chicago em razão de um período de pesquisa no Committee on Social Thought. Já conhecia a universidade de uma visita anterior. No entanto, comecei a notar que o clima intelectual (o tom das conversas, dos seminários acadêmicos e das atividades organizadas) era diferente do que eu esperava. Aos poucos fui descobrindo o que havia de especial ali e qual era a longa história que o explicava.

Certo dia, caminhando pelo *campus*, deparei-me com algumas placas que, em letras grandes, perguntavam: "Por que Sócrates morreu?" Tratava-se do anúncio de uma palestra para calouros. Não deveria ter me chamado a atenção: o que há de tão especial em tratar, na universidade, de acontecimentos fundacionais da nossa cultura? No entanto, aquilo despertou minha curiosidade porque eu não tinha visto nada parecido, pelo menos dessa maneira, em outras universidades. Questionei alguns alunos, que me explicaram que, no primeiro ano e meio do *college* — nossa graduação —, cursam uma série de disciplinas obrigatórias que compõem o *core curriculum*. Elas consistem principalmente em ler e discutir grandes obras da literatura e do pensamento; também são abordados os fundamentos das ciências naturais. A conferência em questão fazia parte das atividades acadêmicas habituais.

Infelizmente não pude ir, mas, alguns dias, depois vi outro anúncio: agora, de uma discussão organizada pelo Undergraduate Philosophy Club sobre o tema: "Se Deus não existe, há razões para agir moralmente bem?" Desta vez, não deixei passar. A sala de aula estava lotada, com mais de cem pessoas, quase todas alunos de graduação. Muita gente teve de se sentar no chão. Para nós, que viemos do mundo hispânico, o debate é um gênero difícil, sobretudo quando trata de um tema como a relação entre ética e religião. Geralmente, somos apaixonados e levamos as críticas para o lado pessoal. À medida que cada grupo apresentava seus argumentos, pensei que em outras universidades que conheço teria sido estranho realizar um debate como este. Em algumas, porque "já superamos" aquele tema; em outras, porque teria terminado em atrito. Em vez disso, não houve nenhum argumento *ad hominem*, nem olhares sarcásticos entre o público. Apenas interesse. Todas as questões relevantes foram abordadas: do sacrifício de Abraão ao gene egoísta, passando pelos postulados de Kant. Além disso, como se constatou, o que é interessante num debate deste tipo é que todos têm uma parte de razão.

Na Universidade de Chicago, os alunos podem encontrar o que chamam de *the life of the mind*: a vida do espírito ou, melhor, a vida intelectual. Na verdade, essa frase aparece na capa de folhetos promocionais (parece que a consideram a chamada mais poderosa para atrair alunos), e alguns estudantes até a usam com orgulho nas camisetas que ostentam no *campus*. Quando perguntei aos professores, explicaram-me que ali pretendem oferecer uma "educação liberal". Então me lembrei que a primeira vez em que lera essas duas palavras, como estudante da Universidade de Valência, fora num artigo de Alejandro Llano. Ele as retirara do livro *A ideia de universidade*, escrito por John Henry Newman.

O conceito de educação liberal é utilizado de diferentes maneiras, tanto por causa de suas múltiplas raízes históricas quanto pelas diferentes formas como "liberal" e "livre" são interpretados. Da minha parte, seguindo uma venerável tradição que vai pelo menos de Aristóteles a Newman e que continua a inspirar universidades de todo o mundo, entenderei por educação liberal um projeto formativo em que o conhecimento é valorizado não apenas por sua utilidade, mas como fim em si mesmo, e no qual o objetivo não é apenas preparar profissionalmente, mas também educar a pessoa por completo, incluindo tanto a dimensão intelectual quanto a moral.

Uma educação é liberal quando não tem como único objetivo a qualificação técnica, mas considera sobretudo a verdade e o conhecimento como necessidades humanas básicas, que nos aperfeiçoam; quando não tem medo de formular as grandes questões da vida (o que lá é chamado, de maneira muito gráfica, *big picture*); quando se preocupa tanto com o cultivo do intelecto quanto com a formação do caráter; e, finalmente, quando possibilita a convivência amigável entre professores e alunos. A educação liberal é um dos nomes da educação humanista. Neste livro, eu os utilizarei de forma equivalente, já que o primeiro é menos frequente em nosso contexto cultural. Por sua vez, o *core curriculum* é o conteúdo do plano de estudos por meio do qual uma universidade oferece aos seus alunos esse tipo de educação.

Neste livro, compartilho com o leitor o que descobri sobre o modelo educacional que encontrei às margens do Lago Michigan. Trato da apaixonante história de suas origens e do seu desenvolvimento, que é também uma maneira de considerar a evolução da instituição universitária nos últimos cem anos. Ao retornar de Chicago, fui nomeado diretor do instituto responsável pela educação humanista que a Universidade de Navarra oferece aos alunos. Esta circunstância permitiu-me lançar um Programa de Grandes Livros, que já está atingindo a sua maturidade. As páginas que se seguem não contêm apenas teorias e histórias sobre lugares distantes, muito diferentes das nossas; refletem, também, a experiência real dos educadores em sala de aula deste lado do Atlântico. Teremos ocasião de tratar dos nossos próprios desafios e oportunidades.

Uma aluna da primeira turma do Programa procurou-me no final de uma aula. Tínhamos lido a *Apologia de Sócrates*, e ela me perguntou com inquietação: "Se os argumentos de Sócrates eram tão fortes e convincentes, por que o tribunal finalmente decidiu condená-lo?" Eu nunca havia pensado dessa forma, mas respondi: "Bem, infelizmente vivemos num mundo em que a razão nem sempre vence; muitas vezes o poder e a força prevalecem." Então me lembrei do pôster da conferência que tinha visto em Chicago e pensei que esse era o tipo de conquista — modesta, admito — a que nós, educadores, podemos aspirar.

No entanto, nem todos os alunos reagem da mesma maneira à leitura de Sócrates. Por exemplo, quando questionados se teriam gostado de conhecer o personagem, muitos respondem que não. As razões que apresentam se resumem com um daqueles termos de moda: "É que Sócrates deve ter sido muito *intenso*." E acrescentam: "Entendo perfeitamente que o povo de Atenas se tenha voltado contra ele." Nisto é preciso dar-lhes a razão. Sócrates descreve a si mesmo como um moscardão.

Outro aluno, farto da insistência dos filósofos — isto é, minha — na importância da verdade, propôs uma crítica a Sócrates como tema de sua redação final de curso. Pretendia explicar por que Sócrates não tinha razão. Eu lhe disse que por mim tudo bem, que me parecia até mesmo um ato de coragem intelectual. Depois de alguns dias ele veio me ver e confessou: "Eu tentei refutar Sócrates e nem eu *nem minha mãe* fomos capazes. Eu me rendo. É verdade que a vida não examinada não é digna de ser vivida." A imagem desse aluno com sua mãe, sentados à mesa da cozinha, sob a luz de uma lâmpada fluorescente, falando de Sócrates e da vida examinada, sempre me fez sorrir. Eu diria que este episódio, por mais banal que pareça, revela a força dos clássicos.

Recentemente, terminei de ler *Lost in Thought*, de Zena Hitz, professora do St. John's College (provavelmente o *liberal arts college* por excelência)[1]. Trata-se de uma das leituras que mais me interessou nos últimos anos. Embora não tenha podido levar em conta suas valiosas contribuições na preparação destes capítulos, mencionarei aqui duas ideias. O livro começa narrando a vida da autora: uma pesquisadora de estudos clássicos formada em instituições de elite, com um futuro promissor. No entanto, a certa altura, ela fica desapontada

---

1 Zena Hitz, *Lost in Thought. The Hidden Pleasures of an Intellectual Life*, Princeton University Press, Princeton, 2020.

e decide redirecionar sua vida. A virada ocorre quando percebe que, mesmo se dedicando à filosofia clássica, o que a motivava — e também as pessoas que tinha à sua volta — não era tanto o desejo de saber, mas de fama e de reconhecimento. "Buscávamos prestígio e aprovação, (...) e os queríamos à custa dos outros."[2] Ela menciona, inclusive, os rituais de humilhação pública que fazem parte desse caminho: as resenhas ofensivas, ou as críticas devastadoras feitas durante as conferências. Talvez o que ela descreve seja um caso extremo, mas acho que atualmente o mundo acadêmico, também nas humanidades, corre o risco de perder o rumo.

A segunda coisa que gostaria de mencionar é sua leitura da contemplação aristotélica como objetivo final da vida humana. Nisso consistiria a vida plena ou feliz. A educação liberal parece que deveria ser um caminho para esse tipo de vida contemplativa. Sem renunciar à intuição fundamental de Aristóteles, Hitz considera que o ócio necessário à contemplação não exige a posse de grandes propriedades, mas é compatível com o exercício de um trabalho manual; além disso, pode ser alcançado a qualquer momento, também na vida cotidiana.[3] Para ela — e o livro inteiro o justifica —, pode-se falar de uma vida contemplativa quando a pessoa considera que a atividade de aprender é a mais valiosa. A educação — isto acrescento eu — não seria um meio para outra coisa (como o exercício de uma profissão), mas se converteria num fim em si mesmo. Educar e aprender podem ser formas de viver que perduram por toda a vida. São coisas valiosas porque cultivam o que há de mais nobre em nós.

---

2 *Ibidem*, pp. 27-28.
3 Cf. *ibidem*, p. 36.

Introdução

Durante estes últimos anos, aprofundei meus conhecimentos sobre a educação liberal em outros lugares do mundo por meio da Association for Core Texts and Courses (ACTC); também embarquei em algumas iniciativas para promover a educação humanista na Europa. Por esta razão, embora o livro contenha abundantes referências à situação espanhola e à minha própria universidade, também pode ser lido com proveito por pessoas de outros países. Quase tudo o que conto, mesmo o episódico, é universalizável. Como é lógico, nota-se que trabalho numa universidade de inspiração cristã. Em vários momentos ao longo destas páginas, e especialmente no sexto capítulo, trato da relação entre o cristianismo e a universidade. No caso da educação liberal, considero uma relação particularmente fecunda. Em todo caso, durante a minha vida acadêmica, tive a sorte de passar períodos mais ou menos longos em outras instituições, públicas e privadas, sem orientação religiosa (a Universidade de Valência, onde felizmente iniciei a minha licenciatura; Oxford e Munique, que frequentei durante meu doutorado; e Chicago e Leipzig, onde fui pesquisador visitante). Acho que o que vem exposto aqui pode interessar a qualquer professor ou diretor, independentemente de onde trabalhe, de suas convicções religiosas e do que exatamente entende por educação liberal ou humanista.

Façamos uma breve revisão do conteúdo de cada capítulo. No primeiro, argumento por que a sociedade precisa das humanidades, mas tentando superar os termos em que esse debate costuma ser feito. No capítulo seguinte — o mais longo —, faço um esboço da história da origem e desenvolvimento do *core curriculum* nos Estados Unidos. Os marcos que pontuam essa história são paradas obrigatórias para quem deseja refletir sobre um projeto universitário humanista. A história é mestra da vida, principalmente no campo da educação. O terceiro capítulo oferece uma elaboração pessoal dos três traços característicos da educação liberal: perspectiva sapiencial; desenvolvimento da capacidade de julgar; e o interesse ou amor pela verdade. No quarto capítulo, exponho minha experiência na implantação de um programa de grandes livros, atendendo sobretudo às condições institucionais. O capítulo seguinte trata, de forma necessariamente introdutória, do lugar da ética na universidade, bem como da relação entre educação intelectual e educação do caráter. Como mostra o percurso histórico que aqui apresento, ambas são necessárias, na medida em que a educação se dirige à pessoa inteira. O sexto capítulo é dedicado à concepção que o cristianismo tem da universidade. De modo especial, e, na perspectiva da identidade institucional, procuro mostrar a contribuição do cristianismo para os objetivos de uma educação humanista. No sétimo e último, trato muito brevemente da necessidade de que as instituições educacionais sejam uma comunidade de pessoas. No capítulo conclusivo, ouso formular dez princípios para uma educação humanista.

Embora este livro seja fruto de estudo, como atesta a bibliografia final, por seu estilo está claramente mais próximo de um ensaio do que de um trabalho acadêmico. Tentei torná-lo acessível e ameno para o leitor, sobretudo para os educadores. Além disso, o gênero ensaístico permitiu-me tomar certas liberdades que não seriam apropriadas em outras situações.

Grande parte dos textos que compõem o livro já tinha sido publicada separadamente, mas agora eu os reorganizei, reescrevi ou completei para que haja um claro fio condutor entre seus argumentos. Na verdade, parti do manuscrito original que escrevi em Chicago, mas que, posteriormente, devido às vicissitudes da vida acadêmica, só havia sido publicado parcialmente. Ao mesmo tempo, alguns convites posteriores obrigaram-me a escrever sobre outros assuntos relacionados ao assunto. Esses textos figuraram nas revistas *Acta philosophica*, *International Studies in Catholic Education*, *Rivista PATH (Pontifícia Academia Theologiae)* e *Universídad: el blog de Studia XXI*; nas editoras Biblioteca Nueva, Eunsa e Springer; bem como nos "Documentos *Core Curriculum*". Duas dessas publicações foram assinadas juntamente com Álvaro Sánchez-Ostiz e Alfonso Sánchez--Tabernero, respectivamente. As referências completas podem ser encontradas na bibliografia final.

Peço a cumplicidade do leitor porque o texto tem algumas inevitáveis mudanças de registro. Embora eu sempre mantenha a voz em primeira pessoa, há passagens expositivas e argumentativas; em algumas partes, sintetizo o que alguns autores escreveram e, noutras, apresento minhas próprias reflexões; o tom geral é o da argumentação, o qual porém beira, às vezes, a exortação. Procurei evitar lugares-comuns, bem como cair nas banalizadas: "as humanidades são muito necessárias"; "as humanidades tornam-nos melhores". É verdade que nos tornam melhores porque cultivam o que há de mais nobre no ser humano, mas a explicação é mais complexa do que parece e os caminhos pelos quais chega essa melhora são menos conhecidos do que se pensa.

Da mesma forma, procurei não adotar um tom moralizante, ainda que desde a primeira página se veja que estou convencido do valor do que aqui se propõe. Gosto de pensar que o que me salva é estar muito consciente de que a educação liberal não é algo novo ou original, mas coisa bastante comum e ordinária. Na minha opinião, é isso o que qualquer professor, no fundo, tenta oferecer aos seus alunos. Ao mesmo tempo, este não seria o primeiro caso na história em que o mais óbvio e natural teria caído no esquecimento e precisaria ser relembrado. Utilizo acontecimentos pessoais, retirados sobretudo de meu trabalho como professor, para mostrar o que pretendo argumentar.

Algo que não evitei foi o uso frequente de termos em inglês. As referências bibliográficas provêm sobretudo da esfera anglo-saxônica. Os motivos ficam esclarecidos nestas primeiras páginas. No entanto, tenho certeza de que mais de uma pessoa desconfiará do livro por essa razão. Compartilho da preocupação de meus colegas de humanidades sobre a atual tendência do mundo acadêmico, especialmente na pesquisa, em direção ao anglocentrismo. É injusta e perniciosa. Não é uma questão meramente linguística, pois através da linguagem se impõe toda uma cultura intelectual, com seus gostos e fobias, sua tendência à autorreferencialidade e suas formas de poder. Como defesa, posso dizer que meus interesses intelectuais sempre estiveram mais para o lado germânico e que, além disso, sofri pessoalmente as consequências do anglocentrismo. Certo editor britânico rejeitou um dos meus livros alegando que "os autores abordados são 'obscuros'" (certamente Heidegger, Kant ou Hegel não são autores fáceis de ler) e que "os temas do livro não são de interesse dos leitores dos Estados Unidos e da Europa [*sic*]". Por Europa, acho que eles estavam se referindo ao Reino Unido, onde ficava a sede da editora. O livro acabou sendo publicado por uma casa alemã. Penso, no entanto, que é necessário separar o joio do trigo e reconhecer que é nos Estados Unidos que a tradição da educação liberal goza atualmente de melhor saúde, bem como regozijar-nos por sua capacidade de manter viva a chama das humanidades, graças ao fato de que numerosos acadêmicos quiseram abraçar esta causa.

Apesar do que contei nestas páginas introdutórias, não gostaria de dar a impressão de que tudo começou com a viagem a Chicago. Já nos meus primeiros anos como estudante de filosofia em Valência, tive a sorte de conhecer professores humanistas que me transmitiam a paixão pelo conhecimento. E, quando me mudei para Navarra, pude ver os ideais da educação liberal se tornarem realidade com Alejandro Llano e Miguel Lluch, no Instituto de Antropologia e Ética, que mais tarde se tornou o Instituto Core Curriculum. Este livro é dedicado a Alejandro, meu mestre, com quem aprendi tudo o que é importante sobre educação.

O título escolhido — *Uma educação liberal: elogio aos grandes livros* — tem um caráter de reivindicação. Não se trata de um panfleto, mas pretendo, sim, oferecer argumentos e exemplos que mostrem a necessidade e a real possibilidade de oferecer uma educação humanista em nossas universidades. Proponho aprender com quem já o faz e desejo partilhar as experiências dos que trabalham num programa de *core curriculum*. O elogio aos grandes livros se refere à metodologia mais característica da educação liberal: os seminários de leitura dos textos fundamentais da cultura. Meu grande sonho é o de que estas abordagens cheguem ao ensino médio, sobretudo aos seus professores. Esta é uma etapa decisiva na formação dos jovens.

Oferecer uma formação humanista é uma das missões essenciais da universidade, independentemente de ser pública ou privada e dos estudos realizados pelos alunos. Pelo menos é isso o que as melhores tradições educacionais nos ensinam. É hora de reivindicá-las.

1
O debate sobre a necessidade das humanidades. Que humanidades? Para quem?

No contexto da crise econômica de 2008, um responsável político do nosso país afirmou: "Se alguém quer estudar Filologia Clássica por prazer, vai ter de pagar"[1].

A questão sobre se é preciso ou não pagar, e quanto, é algo que se pode discutir. Deve-se ter em mente que a conta não é grátis, pois todos pagamos impostos. O que chama a atenção nessa afirmação é o "por prazer", como se estudar humanidades fosse um luxo que alguém escolhe por capricho, enquanto estudar administração de empresas ou engenharia seria, em si, um exercício de responsabilidade social. Não é de estranhar que as dificuldades econômicas tragam à tona o que muitos já pensavam antes, mas calaram por modéstia. As humanidades constituem um luxo ou, ao contrário, são necessárias para a sociedade?

---

1 Cf. Mayte Rius, "Las humanidades en la era 2.0", em *La vanguardia*, 14 de outubro de 2011.

A cultura de que a sociedade precisa

As reclamações sobre a situação das humanidades fazem parte do cenário educacional há muito tempo. Em muitos países, cada vez menos estudantes universitários estão escolhendo cursos de humanidades. Além disso, insiste-se descaradamente em que o que a sociedade precisa não é de graduados em arte ou literatura, mas em matérias de ciência, tecnologia, engenharia e matemática. Por sua vez, nas reformas do ensino médio, as disciplinas humanísticas são substituídas por outras que promovam o empreendedorismo e a empregabilidade — o que, além de ser um problema em si, torna-se uma espécie de "profecia autorrealizável", pois reduz as possibilidades de trabalho dos humanistas. Muitas vezes eles têm paixão pelo ensino, mas há cada vez menos assuntos que podem lecionar. Diante de tamanha tolice, os defensores das humanidades não param de gritar, com o desconforto de saber que a batalha está perdida de antemão.

Por vezes, em debates desse tipo, sem qualquer perspectiva de solução, o progresso passa pela mudança do enquadramento, ou seja, da perspectiva a partir da qual são propostos. Proponho fazê-lo respondendo às duas perguntas que aparecem no título do capítulo. Em primeiro lugar, é necessário esclarecer o que entendemos por humanidades. Será útil distinguir entre *estudos especializados* "de Letras" (como as atuais graduações do ramo de Artes e Humanidades) e a *educação humanística geral*, que é considerada proveitosa para qualquer aluno. Nesse sentido, por exemplo, se houvesse mais graduados "em Letras", nem por isso o ensino universitário de um país *seria necessariamente* mais humanista. Como se explicará, os números por si não resolvem o problema.

O debate sobre a necessidade das humanidades. Que humanidades?

Em segundo lugar, é interessante considerar por que e para quem — supostamente — as humanidades se fazem tão necessárias. A resposta óbvia é: "Para adquirir cultura, para ser uma pessoa culta." Aqui, mais uma vez, será útil distinguir o que geralmente se entende por "cultura geral" (conhecimento de história, arte ou literatura) do sentido em que a "cultura" é concebida, por exemplo, por Ortega y Gasset: não se trata de um mero "acréscimo ornamental que alguns homens ociosos colocam em suas vidas", mas de algo "imprescindível para a vida inteira, (...) uma dimensão constitutiva da existência humana, assim como as mãos são um atributo do homem"[2]. A cultura de que fala Ortega não consiste apenas em ler livros e visitar museus, mas sobretudo em tomar consciência do sistema de ideias "que constitui o terreno sobre o qual se apoia" a existência de cada pessoa, ou seja, o "repertório das nossas convicções efetivas sobre o que é o mundo e o que são os próximos, sobre a hierarquia de valores que as coisas e as ações têm: quais são mais estimáveis, quais são menos"[3].

Para Ortega, a universidade teria como missão, além da qualificação profissional e do ensino da ciência, transmitir essa cultura às novas gerações. Enquanto a "cultura geral" é importante, porém opcional, a cultura própria da educação humanista seria algo necessário para a vida. Sem ela, as pessoas e as sociedades estariam à deriva, incapazes de compreender a si mesmas e, portanto, de exercer a própria liberdade. Continuando com as referências a Ortega, um mundo assim seria *infra-humano*.

---

2 José Ortega y Gasset, *Misión de la universidad* [1930], em *Obras completas*, tomo IV, Revista de Occidente, Madri, 1947, p. 340.
3 *Ibidem*, p. 341.

Uma das principais dificuldades em enquadrar adequadamente o debate sobre a necessidade das humanidades advém da nossa tradição universitária: a francesa (ou napoleônica). Os alunos escolhem o curso, fundamentalmente, pensando nas oportunidades de trabalho. E o normal é que os planos de estudo ofereçam a formação mais especializada possível. No caso específico da Espanha, a "liberalização" da antiga lista de títulos oficiais do Ministério confirmou e acentuou esse desvio. Como regra geral, as universidades oferecem qualificações cada vez mais especializadas em áreas de conhecimento cada vez mais reduzidas. O aluno, desde o primeiro semestre, ingressa numa trilha a partir da qual, praticamente, já consegue visualizar o posto de trabalho que alcançará na saída do túnel dos anos universitários. E, se não o vê, fica nervoso, porque sabe que nosso mercado de trabalho é rígido e deixa pouca margem para a criatividade. A situação é muito diferente — pelo menos até recentemente — nas tradições educacionais alemã, britânica ou norte-americana, com suas *major* e *minor*, ou *Haupt-* e *Nebenfächer* (o aluno não se forma numa única disciplina, e o vínculo entre título e profissão é menos rígido).

A "trilha" dos estudos universitários faz com que as humanidades sejam entendidas fundamentalmente como mais uma educação especializada e — usando um americanismo já comum — profissionalizante. Nesta situação, eles não estão na melhor posição possível para oferecer a cultura de que a sociedade precisa. Seria preciso algo semelhante ao que, por exemplo, o *core curriculum* inclui em algumas universidades nos Estados Unidos, ou seja, uma formação essencial ou geral, obrigatória para todos os cursos. Um bom *core curriculum* organiza-se como um plano de estudos estruturado, cujos conteúdos são geralmente os clássicos do pensamento, da arte e da

O debate sobre a necessidade das humanidades. Que humanidades?

literatura, e não um mero *pot-pourri* de assuntos interessantes para melhorar a "cultura geral". Além disso, o ensino não é oferecido a partir de uma perspectiva meramente teórica, histórica ou "científica": é também existencial. Seu objetivo é contribuir para o amadurecimento intelectual e vital dos alunos. Por fim, inclui ainda um conteúdo científico que ofereça orientação num mundo tecnológico.

Apesar do que possa parecer, essa não é uma invenção "ianque". Em nosso país, Ortega já o tinha proposto havia quase um século. Em *Misión de la universidad*, ele falou da necessidade de criar uma "Faculdade de Cultura" que coexistisse com as outras faculdades de Ciências e Letras[4]. Esboçou, inclusive, o equivalente a um *core curriculum* que não deixa nada a desejar ao das melhores universidades norte-americanas[5]. O problema é que ninguém lhe deu atenção[6].

A transmissão da "cultura" na universidade recebeu outros nomes ao longo da história. A ideia é tão antiga quanto a própria instituição. Já esteve presente nas artes liberais das primeiras universidades medievais, que refletem a tradição educacional clássica. De qualquer forma, é John Henry Newman (1801-1890) quem se torna a principal referência da "educação liberal" — no sentido de educação humanista — que aqui se discute.[7]

---

4 Cf. José Ortega y Gasset, *Misión de la universidad*, p. 344.
5 Cf. *ibidem*, p. 345.
6 Emilio Lamo de Espinosa "revisita" as missões da universidade de Ortega e aponta que a cultura foi a mais afetada pela deriva da universidade espanhola nas últimas décadas. Cf. Emilio Lamo de Espinosa, "La universidad española, entre Bolonia y Berlín", em Jesús Hernández, Álvaro Delgado-Gal, Xavier Pericay (orgs.), *La universidad cercada. Testimonios de un naufragio*, Anagrama, Barcelona, 2013, pp. 189-211.
7 Cf. John Henry Newman, *The Idea of a University*, University of Notre Dame Press, Notre Dame (IN), 1982, pp. 94-95. Esta edição é a mais acessível, e a partir dela serão feitas as citações. A edição de referência é *The Idea of a University Defined and Illustrated. I. In Nine Discourses Delivered to the Catholics of Dublin. II. In Occasional Lectures and Essays Addressed to the Members of the Catholic University*, editado com introdução e notas de Ian T. Ker, Clarendon Press, Oxford, 1976.

Em nosso meio, durante o século XX, o termo "educação liberal" caiu pouco a pouco em desuso. Naturalmente, não aparece nas apresentações que as universidades fazem de si mesmas (por exemplo, nos folhetos promocionais), mas também não o encontramos na reflexão sobre a missão da instituição universitária. É surpreendente que, no processo da "Reforma de Bolonha" para a criação do Espaço Europeu do Ensino Superior, quase não se tenham feito referências à educação liberal ou ao modelo humanista que essas palavras sintetizam. É impressionante, mas coerente com sua abordagem pragmatista. Parece que na Europa nos esquecemos da educação humanista tanto quanto suprimimos da memória outras raízes da nossa cultura. No entanto, do outro lado do Atlântico, em particular nos Estados Unidos, a "educação liberal" faz parte do léxico costumeiro do mundo universitário. Em geral, o debate sobre o ensino superior durante os últimos cem anos tem sido mais vivo lá do que na Europa, talvez porque a discussão não se tenha concentrado em questões metodológicas ou instrumentais, mas na natureza e na identidade da instituição universitária.[8] Como dizem eles enfaticamente, a questão-chave está no que consiste receber "uma *educação*". E essa questão está intrinsecamente ligada ao conceito de educação liberal.

Dos bárbaros, a salvação

A tese que me proponho a defender neste livro é a seguinte: o que começou em Bolonha, Paris, Oxford e Salamanca, e depois se desenvolveu em Berlim, ainda

---

8 Uma clara exceção vem de Karl Jaspers. Cf. Karl Jaspers, *La idea de la universidad*, Eunsa, Pamplona, 2013. A edição original alemã é de 1946.

está vivo em alguns *campi* dos Estados Unidos, como Columbia, Chicago, St. John's ou Dallas. O que ainda está vivo? A universidade como templo de educação liberal, ou seja, como instituição que — nas palavras de Newman — não se dedica "à reforma moral [dos alunos], nem à produção mecânica; (...) [mas cuja] função é a cultura intelectual. (...) Educa o intelecto para que [o estudante] raciocine corretamente em todos os assuntos, para que vá em busca da verdade e a alcance".[9] A universidade busca o conhecimento não por sua utilidade, mas como fim em si mesmo. O capítulo central do livro de Newman intitula-se exatamente assim: *Knowledge its Own End.*

Sua tese se assenta em dois argumentos que desenvolverei nos capítulos seguintes. Em primeiro lugar, o de que é em alguns *campi* norte-americanos que a tradição humanista se conserva mais claramente, ao menos conforme a síntese de Newman. E, depois, o de que — por mais surpreendente que pareça — foi naquele país que surgiu o conceito de humanidades como um "problema" e como algo que precisa ser "defendido", uma vez que é essencial para a "educação autêntica". Parafraseando Zubiri, os "ianques" poderiam muito bem nos dizer a esse respeito: "Os europeus *somos* nós."[10]

A intenção última por trás destas páginas está em apresentar a concepção liberal da educação a fim de introduzi-la no debate sobre a universidade europeia (em sentido amplo, que inclui boa parte da América Latina). Acredito que podemos aprender com o modelo americano de educação liberal — até porque é aquele que esteve na origem de nossas próprias instituições.

---

9 John Henry Newman, *The Idea of a University*, pp. 94-95.
10 Cf. Xabier Zubiri, *Naturaleza, Historia, Dios*, Madri, Alianza, 1987, p. 313.

Noutras palavras, proponho resgatar algo que já conhecíamos, mas que, em grande parte, esquecemos.

Não se trata de cair na tradição tão espanhola do desprezo pelo próprio. De fato, Ortega aprovaria esse modo de proceder. Nas primeiras páginas da *Misión de la universidad*, ele escreve: "Não censuro que nos informemos olhando para o próximo exemplar; pelo contrário, é algo que deve ser feito, mas sem que isso nos possa isentar de resolver então originalmente o nosso próprio destino."[11]

Quando contei essas ideias a um professor espanhol empenhado na defesa das humanidades, ele me disse: "Não, no final serão os bárbaros que terão de vir salvar-nos". Entenda-se aqui por "bárbaro" simplesmente o "não europeu"[12]. Num texto carregado de pessimismo, fazendo referência à educação liberal dos Estados Unidos, Carlos García Gual afirma: "A universidade espanhola está se afastando cada dia mais, de modo irremediável, daquilo que alguns de nós teríamos desejado que fosse ou imaginávamos que viria a ser."[13]

Nesta reivindicação por uma educação liberal, pretendo evitar as habituais alternativas excludentes. Na minha opinião, a universidade humanista não se opõe à universidade profissional: ambas se complementam. O importante é — usando palavras de Ortega — distinguir o que a universidade tem de ser "primeiro" daquilo que tem de ser "também".[14] Neste sentido, a educação liberal é uma

---

11 José Ortega y Gasset, *Misión de la universidad*, p. 315

12 A conveniência de recuperar a tradição da educação liberal na universidade espanhola foi defendida, por exemplo, em Víctor Pérez-Díaz e Juan Carlos Rodríguez, *Educación superior y futuro de España*, Fundación Santillana, Madri, 2001, bem como em Fernando Gil Cantero, David Reyero (orgs.), *Educar en la Universidad de hoy: propuestas para la renovación de la vida universitaria*, Encuentro, Madri, 2015.

13 Carlos García Gual, "Mi experiencia universitaria y otras divagaciones", em Jesús Hernández, Álvaro Delgado-Gal, Xavier Pericay (orgs.), *La universidad cercada*, p. 157.

14 Cf. José Ortega y Gasset, *Misión de la universidad*, p. 345.

das missões da universidade. Decerto é a mais fundamental, mas não a única nem a exclusiva.

Propostas deste tipo são imediatamente recebidas com críticas, segundo as quais trata-se de "ideias bonitas", mas utópicas, pertencentes a um passado irrecuperável e, sobretudo, distante da realidade e dos interesses dos universitários e suas famílias. No entanto, para além do possível desinteresse de alguns (o qual teria suas raízes numa visão pragmática da vida) e dos obstáculos que possam existir na sociedade contemporânea, a realidade é que os estudantes esperam muito mais dos seus anos universitários do que a mera aquisição de formação especializada ou de uma qualificação profissional que lhes permita ter sucesso no mercado de trabalho. Ao menos é isso o que parece indicar a história a ser contada neste livro.

Mesmo na Espanha, onde há poucas reflexões desse gênero[15], uma pesquisa realizada há alguns anos mostrou que os jovens acreditam que a "universidade deve oferecer uma educação integral que forme a pessoa inteira, incluindo valores e atitudes sobre a vida".[16] Um sinal de esperança vem de que, na última década, o interesse pela educação liberal cresceu na Europa.[17] Por exemplo, desde 2015 tem lugar a *European Liberal Arts and Core Texts Education Conference*. Sua primeira edição aconteceu na Holanda, país que lidera esta abordagem

---

15 Cf. Jesús Hernández, Álvaro Delgado-Gal, Xavier Pericay (orgs.), *La universidad cercada. Testimonios de un naufragio*, Anagrama, Barcelona, 2013; Carles Ramió, *Manual para los atribulados profesores universitarios*, Catarata, Madri, 2014; Francisco Esteban, *La universidad light. Un análisis de nuestra formación universitaria*, Paidós, Barcelona, 2019.

16 Francisco-Javier Aznar *et alii*, "How Students Perceive the University's Mission in a Spanish University: Liberal Versus Entrepreneurial Education?", em *Cultura y Educación* 25 (2013), p. 23.

17 Cf. Marijk van der Wende, "Trends Towards Global Excellence in Undergraduate Education. Taking the Liberal Arts Experience into de 21st Century", em *CSHE* 18.12 (dezembro de 2012).

educacional[18]. Parece-me significativo que nos três congressos realizados até aqui, com mais de trezentos participantes, tenham estado representada a maioria dos países europeus, exceto a França, a Itália, a Espanha e Portugal, ou seja, os de tradição universitária napoleônica, dos quais participaram pouquíssimos professores.

Na minha opinião, não se trata de voltar ao século XIX, nem de negar a universidade de pesquisa moderna, nem de obter mais alunos matriculados em licenciaturas. Este último fator, aliás, garante muito pouco, pois não é inconcebível que, devido à crise da educação humanista, um estudante de história ou de filosofia chegue à "barbárie da especialidade" contra a qual advertia Ortega, ou seja, que se torne alguém que "sabe muito sobre uma coisa e ignora completamente todas as outras"[19]. O ideal seria que a universidade fosse capaz de formar advogados, farmacêuticos, filósofos e engenheiros com uma mentalidade humanística. É esse o desafio.

---

18 Cf. Emma Cohen de Lara, "Liberal Education and Core Texts: The Case of the Netherlands", em Emma Cohen de Lara, Hanke Drop (orgs.), *Back to the Core. Rethinking Core Texts in Liberal Arts and Sciences Education in Europe*, Vernon Press, Wilmington (DE), 2017, pp. 43-59. Cf. também, no mesmo livro, Miguel Tamen, "Can Liberal Studies be Brought Back into European Universities?", pp. 33-41.
19 José Ortega y Gasset, *Misión de la universidad*, p. 344.

2

Como se inventaram as humanidades. Origem e desenvolvimento do *core curriculum*

Durante meu período na Universidade de Chicago, certo dia recebi um convite para participar da conferência "How America Invented the Humanities". Inicialmente, o título me pareceu absurdo, talvez justificável apenas para chamar a atenção. Em minha inocência, me fiz presente com a ideia de esclarecer ao orador que coisas assim não podem ser ditas. Os Estados Unidos da América ofereceram contribuições valiosas à humanidade, mas entre elas não está precisamente a descoberta ou a criação das humanidades. Além disso, se nós, europeus, ainda podemos nos orgulhar de algo do início do milênio, este algo consiste em ter sido o berço da cultura ocidental. Todavia, o orador, Geoffrey Harpham (filólogo e diretor do National Humanities Center) quis dizer aquilo a sério. E — o que é pior — ele estava certo.

O tema de sua apresentação foi o desenvolvimento da educação liberal nos Estados Unidos, em especial os debates sobre essa questão nas universidades de Columbia, Chicago e Harvard em meados do século passado[1].

Um de seus marcos foi um relatório elaborado entre 1943 e 1945 em Harvard, intitulado *General Education in a Free Society*[2] (mais conhecido como *Redbook*, pela cor de sua capa). O momento da publicação, no final da Segunda Guerra Mundial, não é acidental, pois o que subjazia ao relatório era a preocupação com o mundo livre e a contribuição que a educação poderia, e deveria, dar a esta causa.

O *Redbook* usa o termo "educação geral" em vez do mais clássico "educação liberal". Embora já tivesse sido usado antes,[3] o novo nome está associado a James Bryant Conant, então reitor de Harvard e promotor do relatório. A definição que Conant propõe é interessante: enquanto "educação liberal" geralmente refere-se apenas ao treinamento recebido na *faculdade*, essa "educação geral" abrangeria também, para baixo, os anos finais do ensino secundário e, para cima, os estudos de pós-graduação. A razão está em que, "se o processo educacional não inclui *em cada nível de maturidade* qualquer contato contínuo com aqueles campos em que os juízos de valor são de suma importância, ficará aquém do ideal. O aluno no ensino médio, na faculdade e na pós-graduação deve, ao menos em parte, se preocupar com as palavras 'certo' e 'errado' no sentido ético tanto quanto em sentido matemático"[4]. Independentemente das diligências terminológicas, neste livro

---

1 Cf. Geoffrey G. Harpham, *The Humanities and the Dream of America*, The University of Chicago Press, Chicago/Londres, 2011, pp. 145-190.
2 *General Education in a Free Society. Report of the Harvard Committee*, Harvard University Press, Cambridge (MA), 1945.
3 Cf. Robert M. Hutchins, The Higher Education in America, Yale University Press, New Haven, 1936, p. 59.
4 *General Education in a Free Society*, pp. viii-ix.

tratarei da "ideia" de educação liberal, a qual abrange todas as etapas educacionais, embora os primeiros anos na universidade sejam os mais característicos.

Dos studia humanitatis *às humanidades*

Embora pareça que todos sabemos o que queremos dizer quando as mencionamos, não é fácil definir exatamente o que são as humanidades, como bem vimos no capítulo anterior. Do ponto de vista do conteúdo, trata-se dos saberes (história, filologia e filosofia) que estudam as especificidades do ser humano e suas produções, as quais costumam ter a forma de textos ou obras artísticas. Um primeiro contraste dá-se com as ciências naturais, que tratam do universo e do humano enquanto pertencentes à natureza (física, biologia e química).

Se consideramos a perspectiva ou método do conhecimento humanístico, é necessário introduzir outra distinção. Trata-se daquela entre as ciências humanas e as ciências sociais, já que estas últimas, apesar de terem o humano como objeto, adotam como ideal o método experimental, característico das ciências naturais (sociologia, economia e psicologia). As ciências humanas, por outro lado, estão mais interessadas no aspecto irredutivelmente criativo e irrepetível — livre, se preferirmos — dos fenômenos do que nas generalizações nomotéticas usuais nas ciências sociais. Deve-se dizer também que, em seu sentido mais genuíno, as humanidades não excluem as ciências naturais. Por isso podemos falar de "cultura científica" — hoje mais necessária do que nunca, dado que os avanços científicos e tecnológicos moldam a nossa concepção de vida e a relação com o mundo que habitamos.

Além da dimensão criativa e da sua consideração como conhecimento ou "ciências", as humanidades encontram na educação o seu devido lugar. A aquisição de cultura — no sentido orteguiano explicado no capítulo anterior — aperfeiçoa-nos como pessoas; além disso, se faz necessária para formar cidadãos livres, capazes de compreender o mundo em que vivem e dirigir o rumo da sociedade. Este último aspecto, presente de alguma forma desde a *paideia* grega, ganhou particular destaque no século passado, uma vez que "a democracia precisa das humanidades"[5]. Foi precisamente nos debates sobre o contributo da educação para a formação cívica que o termo "humanidades" assumiu o significado que tem atualmente.

As humanidades foram inventadas nos Estados Unidos? Sim e não. Suas universidades foram as primeiras a desenvolver um *core curriculum* (um conjunto de disciplinas obrigatórias, de ensino geral) no qual as "humanidades" — com esse termo, portanto — eram o elemento essencial. Seu objetivo era fornecer uma visão unitária do conhecimento, bem como levantar as grandes questões sobre a vida, a pessoa e a sociedade. Embora as ciências naturais estivessem incluídas, a maior carga de estudo estava no grego, no latim, na história, na literatura, na arte e na filosofia. Seguindo Stefan Collini, professor de literatura da Universidade de Cambridge, pode-se dizer que os americanos "inventaram" as humanidades na medida em que cunharam o termo tal qual o empregamos hoje[6]. De fato, o que Newman — reunindo a melhor tradição universitária europeia — batizou de "educação liberal" costuma ser chamado de "educação humanista".

---

5 Cf. Martha C. Nussbaum, *Not for Profit. Why Democracy Needs the Humanities*, Princeton University Press, Princeton/Oxford, 2010.
6 Cf. Stefan Collini, *What Are Universities For?*, Penguin, Londres, p. 63.

Por outro lado, não se pode afirmar que as humanidades foram "inventadas" naquele país, ao menos se com isso se quer dizer que as *criaram*, quanto mais *do nada*. Muito pelo contrário: o surgimento deste conceito contemporâneo de humanidades só pode ser entendido à luz da evolução do modelo universitário europeu e da sua recepção do outro lado do Atlântico. Tracemos um breve esboço histórico.

Como se disse, é Newman quem, em *A ideia de uma universidade*, usa o termo "educação liberal" em meados do século XIX, tomando por base sua experiência como reitor da falida Universidade Católica da Irlanda e no contexto de seus anos como aluno e tutor em Oxford. O adjetivo "liberal" tem sua origem na tradição das sete artes liberais medievais (gramática, retórica, lógica, geometria, aritmética, astronomia e música). O que Newman propõe não é exatamente o mesmo, pois acrescenta o estudo da teologia e da ciência, além da literatura e da história.

A origem histórica do conceito de humanidades encontra-se nos *studia humanitatis ac litterarum* de Cícero: trata-se daqueles conhecimentos que um homem livre deve cultivar[7]. Esta tradição chega ao Renascimento, em que se utiliza a expressão *studia humanorum* para designar o estudo das ações e criações humanas, distinto dos *studia divinitatis*. Pelo menos desde a segunda metade do século XIX, a Universidade de Oxford passou a oferecer o grau de *Litterae humaniores*, que cobria, em quatro anos, os estudos de latim e grego, bem como história e filosofia antiga[8]. Em geral, *humanity* foi o termo usado

---

7 Cf. Robert E. Proctor, *Defining the Humanities*, Indiana University Press, Bloomington (IN), 1988, pp. 14-16. A ideia de uma educação não dedicada a ensinar só o necessário para sobreviver foi formulada por Aristóteles. Cf. Aristóteles, *Política*, 1338a10-12.

8 Estes estudos recebiam o nome de *Greats*, que desde meados do século passado foram quase substituídos por *Modern Greats* ou PPE (*Philosophy, Politics and Economics*).

no século XIX como designação genérica do mundo clássico[9]. Por exemplo, *Professor of Humanity* constituía, na Escócia, o título do professor de latim[10].

Outra raiz do conceito está na divisão entre *Ciências naturais* e *ciências morais* introduzido por John Stuart Mill em sua *Lógica* (1843). Esta terminologia tem paralelos, no campo alemão, com as ciências naturais (*naturalwissenschaften*) e do espírito (*Geisteswissenschaften*). Dilthey é decisivo na conceituação do conhecimento humanista, definido não tanto por seu conteúdo específico quanto pela relação do sujeito com o objeto de conhecimento[11]. A distinção entre explicar e compreender (*Erklären* e *Verstehen*), segundo a qual a forma própria de conhecer o humano não é o seu estudo "objetivo" (no sentido de objetivar), mas a "compreensão", torna-se um dos principais *definiens* desses conhecimentos. É claro: as ciências humanas não carecem de objetividade, mas corresponde a elas um modo específico de verdade[12]. Também oriunda da tradição alemã é a noção de *Bildung*, formulada por Wilhelm von Humboldt, que entende a educação como um processo de autoformação da pessoa a partir do cultivo do conhecimento científico.

Hoje em dia, tendemos a achar que tudo o que se acaba de mencionar cai sob o rótulo geral de "humanidades",

---

9 Sobre o sentido clássico do humanismo, Jaeger explica que "humanismo vem de *humanitas*. Esta palavra teve, pelo menos desde o tempo de Varrão e Cícero, ao lado da acepção vulgar e primitiva do humanitário, (...) um segundo sentido mais nobre e rigoroso. Significou a educação do homem de acordo com a verdadeira forma humana, com seu autêntico ser. Tal é a genuína *paideia* grega, considerada como modelo pelo homem de estado romano" (Werner Jaeger, *Paideia. Los ideales de la cultura griega*, Fondo de Cultura Económica, México, 1942, p. 11).

10 Cf. Steven Marcus, "Humanities from Classics to Cultural Studies: Notes toward the History of an Idea", em *Daedalus* 135 (2006), p. 17.

11 Cf. Hans-Georg Gadamer, *Verdad y método. Fundamentos de una hermenéutica filosófica*, Sígueme, Salamanca, 1984, pp. 31-37; Tom Bottomore, Robert Nisbet, *Historia del análisis sociológico*, Amorrortu Editores, Buenos Aires, 1978, pp. 316-319.

12 Cf. Hans-Georg Gadamer, "La verdad en las ciencias del espíritu", em *Verdad y método II*, Sígueme, Salamanca, 1992, pp. 43-49.

mas, na verdade, ainda nos começos do século XX o termo não era utilizado dessa maneira, pelo menos em inglês. Por exemplo, não figura na edição da *Enciclopédia Britânica* daqueles anos. Tudo indica que a evolução do termo anda de mãos dadas com o desenvolvimento dos centros acadêmicos norte-americanos. Em 1930, por exemplo, a Universidade de Chicago criou a School of Humanities a fim de substituir a Faculty of Arts and Letters, e na mesma época a Universidade de Columbia incluiu no *core curriculum* um curso intitulado "Sequence in the Humanities". Também é significativo que, em 1943, Maritain tenha dedicado um capítulo de seu livro *Education at the Crossroads* às "Humanities and Liberal Education", em que ele usa *humanities* para descrever o período educacional do *college* em seu conjunto[13].

O core curriculum: Columbia, Harvard e Chicago

O termo *humanities* provavelmente começou a ser utilizado no final do século XIX ou início do século XX, quando, nos *college*, o estudo da teologia e do latim deixou de ser o eixo de um currículo fixo e passou a um sistema mais flexível, de disciplinas optativas, influenciado em parte pelo modelo alemão de especialização[14]. O exemplo mais claro é o sistema de *electives* (optativas) introduzido pelo reitor Eliot em Harvard. Em algumas universidades surgiram vozes críticas com os

---

13 Cf. Jacques Maritain, *Education at the Crossroads*, Yale University Press, New Haven, 1943.
14 Cf. Clark Kerr, *The Uses of the University*, Harvard University Press, Cambridge, 2001, pp. 9-11.

resultados educacionais deficientes da nova situação. E foi assim que surgiu a ideia de criar um *core curriculum* com cursos obrigatórios abrangendo as amplas áreas do conhecimento — primeiro em Columbia (1919) e, depois, em Chicago (1930)[15].

As humanidades eram parte essencial do novo projeto. A inspiração — mais ou menos explícita — na abordagem de Newman é inegável. Também influiu a proposta de Matthew Arnold em *Culture and Anarchy*, segundo a qual a "cultura" era apenas mais um nome para o que, a partir de então, passará a ser chamado de "humanidades"[16]. Hutchins publica, em 1936, *The Higher Education in America* e torna-se presidente da Universidade de Chicago (1929-1945). Em 1945, vem a público o já mencionado *Redbook* da Universidade de Harvard. Em Harvard, porém, o que foi proposto nunca foi realmente aplicado, pois o corpo docente se opôs[17]. Em todo caso, como demonstrou Daniel Bell, é comum falar em conjunto dos três grandes modelos de educação geral que se definiram nesses anos: Columbia, Chicago e Harvard[18].

O objetivo principal do primeiro programa de educação geral (ou *New Plan*) da Universidade de Chicago

---

15 Cf. John W. Boyer, *A Twentieth-Century Cosmos: The New Plan and The Origins of General Education at Chicago*, Occasional Papers on Higher Education XVI, The College of the University of Chicago, Chicago, 2006, p. 5.

16 Cf. Geoffrey G. Harpham, *The Humanities and the Dream of America*, pp. 84, 126-128, 188-190.

17 Sobre a evolução da educação liberal em Harvard, cf. Harry W. Lewis, *Excellence Without a Soul. Does Liberal Education Have a Future?*, Public Affairs, Nova York, 2006, bem como o comentário de Javier Aranguren, "Harvard: la excelencia sin alma", em *Nueva Revista*, 25 de fevereiro de 2019.

18 Cf. Daniel Bell, *The Reforming of General Education. The Columbia Experience and its National Setting*, Transaction, New Brunswick, 2011. Outro modelo importante a surgir nestes anos é o do St. John's College. Atualmente, tornou-se uma referência para os *liberal arts colleges*. O diferencial está em que dedica os quatro anos da graduação à leitura e estudo dos clássicos em grupos de seminário. Não tratarei dele nestas páginas. Ainda que constitua um programa de educação liberal, a diferença com relação ao *core curriculum* está em que este é apenas uma parte (menor) do conjunto de um plano de estudos.

era superar a fragmentação das disciplinas. Pretendia-se oferecer aos estudantes um discurso comum, para que pudessem se orientar no pensamento[19]. Os envolvidos na transformação do currículo chegaram à conclusão de que, para isso, os métodos são tão importantes quanto as pessoas que os vão colocar em prática, ou seja, os professores[20].

Contudo, o novo plano de Chicago, implementado em 1930, durou apenas alguns anos em sua forma original. Fora inicialmente estruturado como uma série de cursos gerais das várias disciplinas (*survey courses*), mas o novo reitor da universidade, Robert Hutchins, tentou transformá-lo progressivamente num sistema de seminários sobre os *great books*, ou seja, num currículo baseado na leitura e discussão, em pequenos grupos, das grandes obras da cultura ocidental. Ele considerava este sistema mais adequado[21].

Embora o método dos grandes livros seja comumente associado a Mortimer Adler, na verdade foi John Erskine quem o colocou em prática pela primeira vez em Columbia. E foi lá que o descobriu Adler, a quem Hutchins mais tarde contratou para Chicago. A experiência dos seminários ministrados por Mortimer Adler é coletada no famoso *How to Read a Book*[22]. Nesta mesma tradição enquadram-se alguns ensaios de Leo Strauss[23]. Para

---

19 Cf. John W. Boyer, *A Twentieth-Century Cosmos*, p. 66.
20 Cf. *Ibidem*, p. 60. Os detalhes desse novo plano, incluindo os programas das disciplinas e os modos de avaliação, podem ser consultados em F. Champion Ward (org.), *The Idea and Practice of General Education. An Account of the College of the University of Chicago*, 1950, Centennial Publications of the University of Chicago Press, 1992.
21 Sobre o (pequeno) sucesso de Hutchins neste empreendimento, Cf. Àngel Pascual Martín, "Estudio introductorio. Una educación general en la universidad", em Robert M. Hutchins, *La educación superior en América*, Pamplona, 2020, pp. 26-37.
22 Mortimer J. Adler, Charles Van Doren, *How to Read a Book: The Classic Guide to Intelligent Reading*, Touchstone, Nova York, 1972.
23 Por exemplo, "What is Liberal Education?" ou "Liberal Education and Responsibility", que estão em Leo Strauss, *An Introduction to Political Philosophy. Ten Essays*, org. Hilail Gildin, Wayne State University Press, Detroit, 1975.

Strauss, a educação liberal consiste em "ouvir a conversa entre as melhores mentes"[24].

A maior virtude do método dos grandes livros é que leva os alunos a ler os clássicos e ir às fontes[25]. No entanto, também tem desvantagens, pois se presta a focar nas "grandes ideias" com pouca atenção ao seu contexto e desenvolvimento histórico. Nesse sentido, Hutchins chegou a defender que havia uma oposição entre "ideias" e "fatos" (históricos ou científicos). Em sua opinião, os fatos não seriam necessários à educação porque mudam; por exemplo, algumas teorias científicas seguem-se a outras, enquanto as "ideias", ou seja, os princípios de que depende a organização do conhecimento (no fundo, de natureza metafísica), nunca se modificam[26]. Tal afirmação é substancialmente correta, mas me parece que não deve haver uma oposição exclusiva entre "ideias" e "fatos"[27]. Decisivo é captar as ideias *nos* dados e fatos estudados, ou a partir deles. Acredito que a atenção à metodologia das ciências permite superar essa aparente oposição, como afirmou Donald Levine, decano do *college* de Chicago na década de 1980[28].

---

24 Leo Strauss, *An Introduction to Political Philosophy. Ten Essays*, p. 317.

25 Outro nome para os *great books* é *core texts*. Uma boa explicação de quais são os traços que os definem pode ser encontrada em J. Scott Lee, *Invention. The Arts of Liberal Arts*, Respondeo Books, Santa Fe (NM), 2020, pp. 275-290.

26 Robert M. Hutchins, *The Higher Education in America*, Yale University Press, New Haven, 1936, pp. 108-109. Daniel Bell explica que uma das questões que distinguiam Columbia de Chicago era a de se, num projeto de educação geral, seria necessário assumir uma tradição (metafísica) unitária, como propunha Hutchins em Chicago, ou se, pelo contrário, seria melhor oferecer diversas tendências intelectuais, como sugeriam aqueles que tinham abordagens mais próximas de John Dewey. Cf. Daniel Bell, *The Reforming of General Education*, pp. 25-26. Sobre a relação entre Hutchins e Dewey, cf. Àngel Pascual i Martín, "Democràcia, racionalitat i educació. La polèmica Dewey-Hutchins en ocasió de 'The Higher Learning in America'", em *Temps d'Educació* 53 (2017), pp. 227-244.

27 Sobre os acalorados debates sobre esta questão em Chicago, cf. John W. Boyer, *A Twentieth-Century Cosmos*, pp. 93, 116.

28 Cf. Donald N. Levine, *Powers of the Mind. The Reinvention of Liberal Learning in America*, The University of Chicago Press, Chicago, 2006.

Bell lista cinco maneiras de implementar um programa de educação liberal: a) "requisitos curriculares" (*distribution requirements*); b) "cursos gerais de uma disciplina" (*comprehensive survey courses*); c) "cursos funcionais" (*functional courses*); d) "currículo de grandes livros" (*great books curriculum*); e e) "assessoria acadêmica pessoal" (*individual guidance*)[29]. Qualquer um desses métodos é, em princípio, válido para fornecer uma educação geral, embora uma combinação de vários, ou de todos eles, seja provavelmente o ideal. Só há uma exceção: as "exigências curriculares", uma vez que por si só não asseguram a formação geral, sobretudo se — como costuma acontecer — reduzem-se a escolher uma entre várias disciplinas (literatura, história, filosofia, ciências etc.) a partir de uma lista com dezenas de opções. Este é agora o modelo em quase todas as principais universidades de pesquisa, exceto Columbia e Chicago[30]. Como explica Bell, o modelo de "requisitos curriculares" serve apenas para obter um conhecimento superficial das várias disciplinas[31]. Uma das teses fundamentais de todo esse debate é justamente a de que a educação geral, mesmo que abranja várias disciplinas e procure ser interdisciplinar, não pode ser insubstancial. Por definição, os temas do *core curriculum* são de caráter introdutório, mas devem ser capazes de ir ao essencial e conscientizar o aluno sobre a complexidade do objeto de estudo.

Uma boa síntese dos princípios que nortearam as três universidades no desenvolvimento de seus currículos também é oferecida por Bell: a) promover nos alunos o senso de um projeto comum e o compromisso com

---

29 Cf. Daniel Bell, *The Reforming of General Education*, p. 42ss.

30 E também no programa de Directed Studies, de Yale, ou no Structured Liberal Education Program, de Stanford. No entanto, estes programas são opcionais para os estudantes, diferentemente do que acontece em Columbia e Chicago.

31 Cf. Daniel Bell, *The Reforming of General Education*, p. 155.

a sociedade (*consensus*); b) transmitir a tradição cultural do Ocidente, o que os ajudará a tomar consciência dos desafios do mundo contemporâneo (*civility*); c) prevenir os riscos da especialização (*specialization*) ou — usando o termo de Ortega — do "especialismo", defendendo uma visão humanista (*humanitas*); e d) enfatizar a necessidade da interdisciplinaridade na educação (*interdisciplinarity*)[32].

O mais interessante do livro de Bell é que ele analisa os pressupostos intelectuais desses programas educativos. Bell descreve a modernidade cultural e social como um processo que leva à produção do "*behaviorial man*" ou "homem-massa", de que já havia falado Ortega y Gasset — ou seja, pessoas com pouca capacidade crítica. Esta situação já seria, por si só, "uma justificação para o reforço das humanidades no ensino liberal"[33]. Com palavras que bem resumem o espírito da educação humanista, Bell defende que "a universidade não pode refazer o mundo (embora, ao defender certos princípios, contribua em parte para isso). Não pode nem refazer os homens. Mas pode libertar os jovens, tornando-os conscientes das forças que os impulsionam por dentro e os constrangem por fora"[34]. Como ele explica, o desenho do currículo pode ajudar a atingir esse objetivo de "libertação" das seguintes maneiras: evitando o "provincialismo" intelectual; mostrando a centralidade das questões metodológicas (as diferentes relações entre sujeito e objeto nas ciências naturais, sociais e humanas); tornando o aluno historicamente consciente; mostrando como as ideias estão na base das estruturas sociais; entendendo como os valores colorem qualquer investigação; e, finalmente,

---

32 Cf. *ibidem*, pp. 50-53.
33 *Ibidem*, p. 151.
34 *Ibidem*, p. 152.

Como se inventaram as humanidades. Origem e desenvolvimento

evidenciando a função civilizacional das humanidades. Desta forma, as humanidades tornam-se um muro de contenção contra a tecnocracia desenfreada.

A crise das humanidades e a "multiversidade"

Desde o início do século XX, as universidades americanas vêm incorporando o modelo de pesquisa alemão. Um exemplo vem da fundação da Universidade Johns Hopkins: sem *college*, dedicada apenas a estudos de doutorado. Desenvolvem-se escolas de pós-graduação, projetos e institutos de pesquisa e, com eles, a vertente mais "profissionalizante" das universidades (são emitidos os graus necessários ao exercício de alguns postos de trabalho). Os programas de doutorado proliferam, com pesquisas financiadas por empresas ou pelo governo. Aparecem os primeiros *MBA*. Alguém poderia dizer, com razão, que desde as suas origens medievais a universidade dedicou-se à formação de profissionais — por exemplo, em medicina ou direito. No entanto, a mudança produzida em meados do século passado nos Estados Unidos e na Europa não é menos significativa. Por exemplo, até a década de 1940, quase 80% dos estudantes de Oxford e Cambridge formaram-se em humanidades. Hoje, a proporção é exatamente a inversa.

Essas mudanças dão origem às duas almas que a universidade americana terá doravante: a formação liberal dos alunos de graduação e a qualificação para a vida profissional (*vocational*). As tensões são imediatas: ensino *versus* pesquisa, formação geral ou prática, quem elabora o plano de estudos dos alunos de graduação, como são distribuídos os recursos etc. Além do modelo universitário alemão, também contribui para esse processo a criação das *land-grand universities* a partir do final do século XIX. A fim de acelerar o desenvolvimento econômico e social do país e evitar a fuga de cérebros para a Costa Leste, o governo federal doa terras para a criação de centros acadêmicos que oferecerão sobretudo estudos aplicados, como agronomia ou engenharia. Assim surgem as grandes universidades públicas que, com o tempo, adquirirão notável prestígio (por exemplo, as *Big Ten* do *Midwest*: Michigan, Wisconsin, Purdue etc.). E, de alguma forma, incorpora-se também a tradição universitária napoleônica, na qual a principal missão da instituição seria formar quem tem de servir o Estado.

Por outro lado, o fim da Segunda Guerra Mundial coloca os Estados Unidos em posição de hegemonia política, sobretudo como garantidor da democracia. O retorno dos militares e a legislação que facilitou o ingresso no ensino superior fez com que a universidade, antes reservada aos privilegiados, fosse democratizada. Assim, um novo sentido de missão floresce nas autoridades acadêmicas. Explica-o o *Redbook*: "A principal preocupação da educação americana hoje não é o desenvolvimento de uma apreciação da 'boa vida' na juventude bem-nascida [*born to be purple*]. É a implantação da tradição liberal e humanista em todo o nosso sistema educacional. Nosso propósito é cultivar no maior número possível de futuros cidadãos uma apreciação tanto das responsabilidades quanto dos benefícios que recebem por serem americanos e livres[35]." A democratização do acesso à universidade não implica uma rejeição do ideal de Newman, mas uma modificação. Eles não vão sair das

---

35 *General Education in a Free Society*, pp. xiv-xv; ver também Geoffrey G. Harpham, *The Humanities and the Dream of America*, pp. 153-160.

salas de aula como *gentlemen*, mas como *citizens* — ou melhor: como *people*.

Tudo isto provavelmente está na origem daquilo que hoje tantas vezes se repete: a universidade não pode ser uma torre de marfim, mas deve estar em "consonância" com as necessidades da sociedade. A questão crucial é o que a sociedade precisa, porque muitas vezes entendemos, por "sociedade", o mercado e, por "o que ela precisa", uma mão de obra qualificada. Em princípio, ninguém nega que o ensino universitário deve ser útil e responder às necessidades das pessoas e da sociedade. Mas é justamente a universidade a responsável por determinar essas necessidades[36]. No momento não lhe é fácil fazer isso, pois ficou presa na "lógica da mídia[37]." Diz-se: a universidade deve contribuir para o desenvolvimento econômico, porque isso faz a sociedade progredir... Progredir para onde? Sem dúvida a pobreza é um grande mal, mas o acúmulo de riqueza não é o principal nem o último objetivo das pessoas. Existem fins mais elevados, como o amor, ou mais básicos, como a liberdade. O que não está nada claro é quem se recordará disso se a noção de "fim" desaparecer do horizonte social e político. O reitor Hutchins mostrou-se uma espécie de profeta quando, em 1953, escreveu no início de *The University of Utopia*: "Este livro versa sobre os perigos da educação nos Estados Unidos. (...) Os principais parecem ser os associados à industrialização, à especialização, à diversidade filosófica e ao conformismo social e político[38]." Como não houvesse ficado claro, sentencia posteriormente: o

---

36 Cf. Robert M. Hutchins *The University of Utopia*, The University of Chicago Press, Chicago/Londres, 1953, p. 12.

37 Cf. Alejandro Llano, *La nueva sensibilidad*, Madri, Espasa-Calpe, 1988, p. 363.

38 Robert M. Hutchins, *The University of Utopia*, p. 1.

"amor ao dinheiro" — isto é, a ganância ou *ambição* — é o que está arruinando a universidade[39].

A consciência de que as humanidades e a educação liberal entraram em crise logo aparece, e não apenas nos Estados Unidos. Em 1959, o cientista britânico C. P. Snow alertava para o problema da coexistência de "duas culturas" na universidade (científica e humanística), entre as quais quase não havia relação, a não ser desconfiança e até desprezo. A solução que ele propôs não era nova: "repensar nossa educação"[40]. Em 1965, foi publicado o livro *Crisis in the Humanities*, em que se aponta que a especialização causada pelo desenvolvimento da pesquisa e a perda do propósito de ensino do *college* dificultam a obtenção do "quadro geral" (*holistic understanding*)[41].

No entanto, nem todos lamentam o que supostamente se perdeu. Clark Kerr — *chanceler* de Berkeley (1952--1958) e, posteriormente, presidente de todo o sistema da Universidade da Califórnia até 1967 — defendeu os benefícios do novo modelo universitário, que batizou de "multiversidade". Em 1963, publicou *The Uses of a University*[42]. A tese que propõe é a de que, assim como o *college* de Newman e a universidade de Humboldt foram o produto de seus respectivos períodos históricos, a *research university* (focada na pesquisa) é a forma típica da universidade contemporânea. Seu livro não pretende ser uma apologia ao novo modelo, mas a constatação de um fato. Opor-se ou querer mudá-lo seria o mesmo que tentar parar o curso da história.

---

39 *Ibidem*, p. 41.
40 Charles Percy Snow, *The Two Cultures and the Scientific Revolution*, Cambridge University Press, Nova York, 1959, p. 19.
41 John H. Plumb, *Crisis in the Humanities*, Penguin, Londres, 1964, p. 88.
42 Clark Kerr, *The Uses of the University*, Harvard University Press, Cambridge (MA), 2001. Ele manteve sua tese ao longo das cinco edições do livro, entre 1963 e 2001.

Kerr reconhecia que "a universidade começou como uma única comunidade, uma comunidade de professores e alunos. Pode-se até dizer que tinha uma alma, no sentido de um princípio central que a animava". No entanto, "hoje a grande universidade americana é formada por uma série de grupos e atividades unidas por um nome comum, uma estrutura de governança comum e objetivos relacionados"[43]. Com alguma ironia, Kerr considera que a "multiversidade" pode ser definida como um conjunto de edifícios e departamentos dotado de um sistema de aquecimento comum, ou ainda como um conjunto de professores que se unem apenas pelas reclamações sobre o estacionamento[44]. Ele também foi um dos primeiros a descrever o ensino superior como "indústria do conhecimento". Esta mentalidade é agora a dominante, a ponto de os professores estarem a caminho de se tornarem meros profissionais que prestam "serviços educacionais" e produzem "resultados de conhecimento" para seus clientes: os estudantes e financiadores de pesquisas. É o que se tem chamado de "empresarização" das universidades[45]. Exagerando um pouco, pode-se dizer que, na "multiversidade" do novo milênio, o que une os seus membros são as estruturas administrativas, cada vez mais semelhantes às das empresas[46].

Segundo a abordagem de Kerr, a universidade de pesquisa seria necessariamente uma "multiversidade" por dois motivos. Em primeiro lugar, porque a pesquisa especializada, a formação de profissionais qualificados e

---

43 Clark Kerr, *The Uses of the University*, p. 1.
44 *Ibidem*, p. 15.
45 Cf. Hanna H. Gray, *Searching for Utopia. Universities and their Histories*, University of California Press, Berkeley, 2012, p. 73.
46 Assim explica Benjamin Ginsberg, professor de ciência política da Johns Hopkins, em seu divertido e cáustico livro. Cf. Benjamin Ginsberg, *The Fall of the Faculty. The Rise of the All-Administrative University and Why it Matters*, Oxford University Press, 2011, pp. 1-39, 167-199.

Uma educação liberal: elogio dos grandes livros

a formação geral de jovens estudantes são projetos com finalidades, métodos e interesses diversos, quando não opostos. E, depois, porque a divisão de faculdades e departamentos por áreas do conhecimento dificulta qualquer iniciativa interdisciplinar ou inclusiva[47].

Vale chamar a atenção para um equívoco comum. Por vezes cita-se algo que Newman teria escrito: "Se o objetivo [da universidade] fosse a pesquisa científica e filosófica, não vejo por que uma universidade deveria ter alunos[48]." Isso dá a impressão de que a universidade liberal só teria de se dedicar ao ensino. No entanto, como Ian Ker lembrou,[49] o próprio Newman foi um excelente pesquisador; e, na universidade que fundou em Dublin, ele garantiu que pesquisas fossem conduzidas desde o princípio. Além disso, também escreveu que "o que um império é na filosofia política, o mesmo é a universidade na área da filosofia e da pesquisa[50]." Fê-lo, porém, na segunda parte do seu livro, ou seja, aquela que se segue aos "Discursos sobre a finalidade e a natureza do ensino universitário". Esta parte tem sido menos lida, e por vezes chega até mesmo a não ser editada ou traduzida em conjunto com a primeira[51]. Pode-se dizer que, para Newman, o centro da vida universitária está no ensino, ao passo que a pesquisa é uma necessidade do professor. Encontramos em Hutchins uma ideia semelhante. Ele quis criar um *college* em que não se oferecesse formação especializada, mas

---

47 Para um tratamento mais positivo da visão de Kerr, cf. Jaume Armengou, *Teoria de la semblança i govern universitari. Discurs d'ingrés a la Reial Acadèmia Europea de Doctors com a acadèmic numerari*, Reial Acadèmia Europea de Doctors, Barcelona, 2017, pp. 46-51.
48 John Henry Newman, *The Idea of a University*, p. XXXVII.
49 Ian Ker, *La idea de una universidad en Newman*, Universidad San Dámaso, Madri, 2012.
50 John Henry Newman, *The Idea of a University*, p. 345.
51 O mesmo acontece com a primeira tradução espanhola: *Discursos sobre el fin y la naturaleza de la educación universitaria*, Eunsa, Pamplona, 1996. Há poucos anos, publicou-se a segunda parte: *La idea de la universidad. II, Temas universitarios tratados en Lecciones y Ensayos ocasionales*, Encuentro, Madri, 2014.

uma educação geral. No entanto, esse *college* fazia parte de uma grande universidade de pesquisa, a de Chicago. Por isso ele pôde escrever, numa fórmula genial: "O que queremos são instituições especializadas e homens não especializados[52]."

A *ideia* em A ideia de uma universidade

Hanna Gray, historiadora e ex-presidente da Universidade de Chicago (1978-1993), oferece uma excelente apresentação dos debates contemporâneos sobre a educação liberal em seu livro *Searching for Utopia: Universities and their Histories*[53]. Depois de traçar um percurso pela história secular das universidades, debruça-se sobre as figuras de Robert Hutchins e Clark Kerr, uma vez que se trata de expoentes das duas formas (opostas) de entender a universidade contemporânea: como *collegiate university*, ou projeto de educação liberal, e como *professionalized multiversity*, ou preparação para o mercado de trabalho[54].

Gray mostra — num tom conciliador que vale a pena apreciar — que, apesar de terem posições diferentes, o que movia a ambos eram as mesmas preocupações, derivadas da rápida transformação da sociedade. Ela chama ambos de "utópicos", mas, se pudesse escolher, claramente preferiria Kerr. Ao contrário de Hutchins, Kerr não parte de uma ideia pré-concebida de educação a fim de aplicá-la à realidade (mesmo transformando-a, se necessário), mas de estruturas já existentes, no intuito de as ir adequando aos fins próprios da universidade.

---

52 Robert M. Hutchins, *The University of Utopia*, p. 46.
53 Hannah H. Gray, *Searching for Utopia. Universities and their Histories*, University of California Press, Berkeley, 2012.
54 Cf. *ibidem*, p. 29.

Uma educação liberal: elogio dos grandes livros

O que há de mais valioso no livro de Gray é que traz a perspectiva de um historiador, uma perspectiva que às vezes falta a nós, filósofos. Ele insiste em que "a ideia de uma ideia de uma universidade [*sic*]"[55] tem uma história própria a que é preciso atentar. Por isso, quando hoje se invoca "a ideia de uma universidade" remontando-se — como argumento de autoridade — às suas origens ou, em geral, a tempos remotos, muitas vezes se esquece que tal conceito ainda não estivera presente nas primeiras universidades, mas é o resultado de diversas reelaborações e de idealizações posteriores.

Gray tenta explicar por que agora associamos quase inevitavelmente "universidade" a "crise", no sentido de que a instituição universitária parece estar permanentemente à beira da destruição. Sua conclusão é a de que "a história das universidades não é uma [história] de progresso ininterrupto, e o enorme sucesso alcançado pela universidade após a guerra [mundial] trouxe consigo problemas que ainda não enfrentamos"[56]. Entre eles destaca-se a "empresarização" (*corporatization*) — como já se mencionou — e sua transformação numa "indústria do conhecimento"[57].

Por fim, Gray mostra-se positivamente surpresa com que *A ideia de uma universidade*, de Newman, continue a ser um dos livros de referência nesses debates. É verdadeiramente impressionante, pois o contexto e a proposta de Newman pouco têm a ver com a situação atual e, sobretudo, porque muitos dos que recorrem à obra não pretendem implementar uma "universidade newmaniana" em sentido estrito. Acredito que ela continue a despertar interesse por seu contraste com a mentalidade

---

55 *Ibidem*, p. 31.
56 *Ibidem*, p. 96.
57 *Ibidem*, p. 73ss.

utilitária dominante, que se opõe a seu conceito de educação liberal.

A revolução de 1968 e o core curriculum

Como se mencionou, em meados do século XX o debate centrava-se na dicotomia entre educação geral e formação profissional. Porém, a partir da década de 1960, uma nova variável surgiu. Uma vez que o programa de educação liberal visa oferecer uma visão geral do conhecimento que permita que os alunos se orientem na vida, que concepção de mundo deve ser transmitida? Até a década de 1950, dava-se como certo que as referências fundamentais (autores, princípios, valores) deveriam ser retiradas da tradição ocidental; contudo, as várias revoluções da década de 1960 mudaram radicalmente o panorama. Na verdade, a própria ideia de *core curriculum*, com sua pretensão de definir que conhecimentos são mais importantes e necessários, passou a ser considerada discriminatória, inimiga da liberdade e incompatível com a democracia. É o que se conhece como *canon wars*, as guerras pelo cânone intelectual ou, melhor, pela própria noção de "cânone". Em poucos anos, boa parte das universidades modificou drasticamente seus planos de estudo, abandonando as listas de clássicos que serviam de leituras obrigatórias.

Um marco nesse debate foi marcado pelo surgimento do livro *The Closing of the American Mind*, escrito em 1987 por Allan Bloom, professor do Committee on Social Thought da Universidade de Chicago[58]. O livro

---

58 Cf. Allan Bloom, *The Closing of the American Mind. How Higher Education has Failed Democracy and Impoverished the Souls of Today's Students*, Simon & Schuster, Nova York, 2012.

permaneceu na lista de *best-sellers* durante doze meses, com quase um milhão de cópias vendidas. Mais de duzentas resenhas foram publicadas sobre o tema, gerando grande polêmica. O subtítulo descreve bem seu conteúdo explosivo: *How Higher Education has Failed Democracy and Impoverished the Souls of Today's Students*. Infelizmente, o livro fez com que o debate sobre educação liberal se politizasse ainda mais — não porque Bloom o abordasse em termos ideológicos, mas porque defendia a tese de que a ruína da educação liberal viera da revolução social dos anos 1960, quando o radicalismo político foi introduzido em sala de aula. Aqueles que lideraram os protestos estudantis tornaram-se, em poucos anos, *tenured professors*: professores titulares[59].

A nova edição comemorativa do 25º aniversário da publicação do livro inclui um epílogo de Andrew Ferguson que reflete os debates e controvérsias em que esteve envolvido[60]. Vários congressos foram organizados para criticar a obra[61]. Bloom foi acusado de ser conservador e contrário aos valores democráticos. Ferguson lembra que, politicamente, Bloom não era conservador e que suas concepções morais estavam longe daquelas que costumam ser descritas como "tradicionais". No entanto, ele considerava que a questão da verdade era decisiva e que o relativismo corroía a educação.

Nas universidades, uma das principais transformações da década de 1960 foi a dos planos de estudos, como já se disse. Pôs-se em questão qualquer cânone

---

59 Cf. John Searle, "The Storm Over the University", em *The New York Review of Books*, 6 de dezembro 1990; Roger Kimball, *Tenured Radicals. How Politics Has Corrupted our Higher Education*, Harper and Row, Nova York, 1990.
60 Cf. Andrew Ferguson, "Afterword", em Allan Bloom, *The Closing of the American Mind*, pp. 383-393.
61 Cf. Darryl L. Gless, Barbara Herrnstein (orgs.), *The Politics of Liberal Education*, The South Atlantic Quarterly, 89 (1990).

intelectual (e, portanto, o *core curriculum*), buscaram-se alternativas à tradição ocidental dos "homens brancos já mortos" (*dead white males*) e, em geral, atacaram-se os ditos fundamentos educacionais da forma de vida burguesa (identificada com o "macartismo" dos anos 1950). Bloom conta que, quando trabalhava na Universidade de Cornell, certo professor de literatura lhe disse: "Esses requisitos [do antigo *core curriculum*] ensinavam pouco, não apresentavam aos alunos as várias disciplinas e os entediavam." Diante de afirmações semelhantes, como eu gostaria de ter respondido como Bloom! "Eu reconhecia que isso era verdade. (...) [Mas aqueles requisitos eram] uma mínima reminiscência da unidade do conhecimento e proporcionavam certo indício persistente de que há algumas coisas que é preciso saber para ser uma pessoa educada. Não se substitui algo pelo nada[62]."

A reação visceral ao livro provavelmente se deveu ao fato de Bloom ter tocado o nervo da nova mentalidade: "O relativismo é necessário para que se tenha abertura [*openness*]; e esta é a virtude, a única virtude, que toda a educação primária, ao longo de mais de cinquenta anos, tem se dedicado a inculcar. A qualidade de ser alguém aberto (...) é o grande *insight* dos nossos tempos. O verdadeiro crédulo é quem constitui o perigo real. O estudo da história e da cultura ensina que todos estiveram loucos no passado; os homens sempre se julgaram certos, e isso levou a guerras, perseguições, escravidão, xenofobia, racismo e chauvinismo. O objetivo não está em corrigir erros e realmente estar certo, mas em não pensar, de forma alguma, que você está certo[63]."

---

62 Allan Bloom, *The Closing of the American Mind*, p. 320.
63 Allan Bloom, *The Closing of the American Mind*, pp. 25-26.

Desde que *The Closing of the American Mind* veio a público, o debate sobre a educação liberal passou a fazer parte das "guerras culturais"[64], como se defender esse tipo de educação fosse algo exclusivo do conservadorismo político e, por outro lado, ser progressista exigisse a rejeição de qualquer *core curriculum* bem estruturado. Essa chave política ajuda a entender a recepção do livro de Bloom. Uma das resenhas (e críticas) mais proeminentes foi a de Martha Nussbaum[65], que se tornou o expoente mais claro do "outro" modo de entender a educação liberal[66]. Haveria dois modelos: o antigo, ou do *gentleman*, e o novo, do "cidadão do mundo". Ambos coincidem quanto à importância das humanidades para a formação intelectual, mas divergem sobre o propósito da educação[67]. O novo modelo busca, acima de tudo, abrir a mente para outras culturas e formas de pensar por meio do cultivo da imaginação[68], enquanto o antigo tinha em seu âmago a noção de verdade. Nussbaum acredita que este último pode colocar a democracia em risco — talvez porque identifique o pluralismo com o relativismo.

É verdade que a democracia se baseia no respeito ao pluralismo, mas isso não significa que seja impossível ou desnecessário perguntar pela verdade. Eis por que Bloom, a meu ver, acerta em cheio na conclusão do seu livro: "A crise da educação liberal é um reflexo de certa crise nos píncaros da educação, uma incoerência

---

64 Cf. James Davidson Hunter, *Culture Wars: The Struggle to Define America*, Basic Books, Nova York, 1991.
65 Cf. Martha C. Nussbaum, "Undemocratic Vistas", em *The New York Review of Books*, 5 de novembro de 1987.
66 Cf. Martha C. Nussbaum, *Cultivating Humanity: A Classical Defense of Reform in Liberal Education*, Harvard University Press, Cambridge (MA), 1997.
67 Cf. *ibidem*, p. 296.
68 Cf. *idem*, *Not for Profit. Why Democracy Needs the Humanities*, Princeton University Press, Princeton/Oxford, 2010, p. 109.

e incompatibilidade nos primeiros princípios com os quais interpretamos o mundo, uma crise intelectual de primeira grandeza, que constitui a crise de nossa civilização. Mas talvez seja correto afirmar que a crise não consiste tanto nessa incoerência quanto em nossa incapacidade de resolvê-la ou mesmo de reconhecê-la[69]." A crise educacional tem sua origem na sociedade, dominada primeiro pelo relativismo e, depois, pela tirania do "politicamente correto". Teremos a oportunidade de voltar a este tema mais tarde.

Do leadership *ao rebanho*

Embora o debate sobre a educação liberal ainda esteja em aberto, a verdade é que os alunos de hoje não parecem muito interessados nele. É como se, depois de décadas de "multiversidade", a lógica da mídia tivesse permeado quase por completo os *campi* universitários. A principal preocupação da maioria dos jovens está em alcançar posições de liderança (*leadership*), quase sempre entendidas em termos de dinheiro ou prestígio. Mas não se trata de uma preocupação natural com o futuro: arrumar um emprego, ganhar dinheiro e, assim, poder iniciar uma vida independente. A obsessão pela liderança começa já no primeiro ano — a rigor, muito mais cedo, porque a universidade em que são admitidos é o principal prenúncio do "sucesso" que poderão alcançar em suas vidas. Por exemplo, a Universidade de Chicago tem uma *Undergraduate Law Review* que, segundo se diz, recebe mais *e-mails* para saber da existência de *leadership positions* (e eles têm algumas) do que para

---

69 Allan Bloom, *The Closing of the American Mind*, p. 346.

averiguar a possibilidade de publicação de artigos[70]. O mundo está de cabeça para baixo: não interessa o conteúdo, mas a forma. O importante é adicionar uma linha ao *curriculum vitae* para conseguir melhores estágios no verão, a fim de continuar engordando o currículo e conseguir um ótimo emprego, e assim... A pior coisa que pode acontecer a alguém nos Estados Unidos é tornar-se um perdedor, um *loser*. Por isso, é preciso ser o primeiro em alguma coisa, ter algum "valor diferencial", ganhar prêmios (todos os anos, as universidades concedem — sem exageros — centenas de prêmios acadêmicos, dos mais inverossímeis). Em última análise, o importante é ser considerado — e capaz de se considerar — melhor do que os outros. É nisso que a liderança se converteu.

David Brooks, atualmente um dos colunistas de maior reputação no *New York Times*, decidiu conviver alguns dias em Princeton com os alunos. Escreveu um artigo que se tornou uma antologia: "The Organization Kid"[71]. O retrato que ele oferece do que viu é assustador — não tanto pela competitividade atroz ou pela obsessão dos alunos com a liderança (estavam tão ocupados que nem tinham tempo para almoçar com ele), mas pela superficialidade que se notava em muitos, mesmo nos que falavam várias línguas e podiam acompanhar qualquer tema de conversa. Como explica Brooks, o problema está em que eles não conheceram o fracasso (econômico, social, acadêmico), nem entendem o que é a maldade, nem concebem que são realmente capazes de fazer algo *mau*. Da mesma forma, carecem de sentido os ideais de heróis e

---

70 Cf. Anastasia Golovashkina, "Leading questions. Contemporary obsession with leadership has muddled the notion's true meaning", em *The Maroon*, 11 de maio de 2012, pp. 5-6.
71 David Brooks, "The Organization Kid", em *The Atlantic Monthly*, abril de 2001, pp. 40-54.

Como se inventaram as humanidades. Origem e desenvolvimento

santos, pois as revistas em quadrinhos e a Bíblia são, para eles, obras de ficção em igual medida.

A máxima que norteia suas vidas é ser "razoável" — uma variante do *openness* de Bloom. É assim que Brooks o explica, usando o conceito de caráter: "Eles são generosos. São brilhantes. São gentis. Mas vivem num país que perdeu, em sua busca frenética por felicidade e sucesso, a linguagem do pecado e a construção do caráter por meio do combate ao pecado. O mal é visto como algo que pode ser curado com uma melhor educação, terapia ou Prozac[72]." Eles provavelmente leram, mas não entenderam — na verdade, eu deveria dizer "nós", pois esta é a minha geração — *Dom Quixote* ou *Hamlet*; não veem o sangue nas mãos de Lady Macbeth ou a impotência de Anna Karenina; não veem a corrupção indolente de Dorian Gray nem o horror de Kurtz... porque são incapazes. Eles são os homens ocos de T. S. Eliot. Chesterton diria que o que há de errado com esse modo de vida é justamente que eles nem mesmo percebem que é errado[73]. Isso não significa, logicamente, que essa descrição dura seja aplicável a todos os alunos, e sim que esse padrão existe[74].

Não parece muito arriscado sugerir que um tal desvio esteja relacionado com a crise do ensino liberal — mais claramente nas melhores universidades, pois também costumam ser elas as mais "multiversidades". É o que

---

72 *Ibidem*, p. 54.
73 Cf. Gilbert K. Chesterton, *Lo que está mal en el mundo*, Acantilado, Barcelona, 2008. MacIntyre, citando Newman, aponta também este preciso problema. Cf. Alasdair MacIntyre, *God, Philosophy, Universities. A Selective History of the Catholic Philosophical Tradition*, Lanham, Sheed & Ward, 2009, pp. 148-149.
74 Há uma reportagem que mostra que o diagnóstico de Brooks não é exagerado. Foi publicada no suplemento de economia do *The New York Times* e explica os princípios que conduziram (ao sucesso) a vida profissional e familiar de dois doutores por Harvard já com seus quarenta e tantos anos. Cf. Motoko Rich, "It's the Economy, Honey. A Power Couple Preaches the Science of Family and Finance", *The New York Times — Sunday Business*, 12 de fevereiro de 2012, pp. 1-2.

sugere, por exemplo, William Deresiewicz, ex-professor de Yale, quando denuncia as "desvantagens de uma educação de elite"[75] ou assegura, por experiência própria, que "existem muitas pessoas altamente educadas que absolutamente não sabem como pensar"[76]. Ele relata tudo isso — em discurso proferido num desses centros de elite: West Point — precisamente segundo a perversão da ideia de liderança: "Temos uma crise de liderança na América porque (...) estivemos formando líderes que só sabem manter a rotina. Que sabem responder às perguntas, mas não como fazê-las. Que conseguem atingir objetivos, mas não sabem como defini-los. Que pensam em como fazer as coisas, mas não em se realmente vale a pena fazê-las. O que temos agora são os maiores tecnocratas que o mundo já viu, pessoas que foram preparadas para ser incrivelmente boas numa coisa, mas que não têm interesse em nada além de sua área de especialização. O que não temos são líderes[77]." Ser líder hoje é colocar-se no comando do rebanho, mas um rebanho que caminha para o precipício. Não há "pessoas capazes de pensar por si mesmas, pessoas que possam indicar um novo rumo"[78].

O balanço devastador de Brooks ou Deresiewicz não deve ser tomado como um julgamento de pessoas específicas, mas como um alerta sobre a mentalidade dominante. E parece que eles sabem do que estão falando, já que estudaram em Chicago e Columbia, respectivamente. Em última análise, o que precisamos recordar é que

---

75 Cf. William Deresiewicz, "The Disadvantages of an Elite Education", em *The American Scholar*, 1º de junho de 2008. O autor publicou em 2015 o livro *Excellent Sheep. The Miseducation of the American Elite and the Way to a Meaningful Life*, baseado em textos como este.

76 William Deresiewicz, "Solitude and Leadership", em *The American Scholar*, 1º de março de 2010, p. 10.

77 *Ibidem*, p. 12.

78 *Ibidem*, p. 13

ser líder, ter sucesso na vida, é realmente "viver bem" (*eu zên*), mas para isso — como explica Aristóteles em sua *Ética* — , deve-se primeiro perguntar o que significa a "vida boa", ou seja, qual é o fim da existência humana.

Nos últimos anos, foram publicados novos trabalhos relevantes sobre a evolução dos ideais dos jovens. Como Jean M. Twenge mostrou, existem algumas diferenças entre os atuais *pós-millennials* e as gerações anteriores. A principal delas está em que a busca por autonomia vem dando lugar, como valor principal, à busca por segurança. Talvez esse seja o resultado da grande insegurança emocional que o desenvolvimento das redes sociais gerou[79]. Isso pode ser considerado mais uma etapa na linha descrita nas páginas anteriores. Os traços já mencionados, inclusive, acentuaram-se[80]. Por sua vez, Greg Lukianoff e Jonathan Haidt têm chamado a atenção para a superproteção das novas gerações (por parte da família, da escola e do Estado), que resulta na criação de pessoas fragilizadas. Um exemplo bem conhecido no qual essa fragilidade pode ser percebida é a polêmica dos *safe spaces* nas universidades: os jovens reivindicam não serem ofendidos com palavras, discursos ou textos. Em vez de criticar o que consideram injusto ou discriminatório, eles pedem proteção às autoridades para evitar *se sentirem* ofendidos por aquilo que os desagrada[81]. O problema dessas abordagens é que, se a verdade desaparece do horizonte educacional, as pessoas ficam à mercê de ideologias e emoções

---

79 Cf. Jean M. Twenge, *iGen: Why Today's Super-Connected Kids Are Growing Up Less Rebellious, More Tolerant, Less Happy*, Atria Books, Nova York, 2017.
80 Cf. José María Torralba, "'Post-millennials': claves intelectuales y éticas", em *Aceprensa*, 9 de setembro de 2019.
81 Cf. Greg Lukianoff, Jonathan Haidt, *The Coddling of the American Mind. How Good Intentions and Bad Ideas are Setting up a Generation for Failure*, Penguin Press, Nova York, 2018.

ou, simplesmente, desamparadas. A confiança em que é possível distinguir o bem do mal, o justo do injusto, é necessária para poder sobreviver num mundo tão complexo como o nosso[82]. Voltaremos a esta questão mais tarde.

O tom pessimista dessas análises, por mais precisas que sejam, não nos deve levar a perder a esperança. Os professores estão bem cientes do profundo poder transformador da educação. A cada ano, iniciados os cursos, as salas de aula se enchem de jovens cheios de entusiasmo. O que eles precisam receber de nós é um tipo de educação como a que está sendo proposta aqui, capaz de ajudá-los a "despertar" do sono intelectual em que muitos se encontram. Assim, poderão pensar por conta própria e assumir o controle de suas vidas. Pelo menos essa é a minha experiência e a de tantos outros professores que conheço. No próximo capítulo apresentarei o que acredito serem as características básicas de uma educação liberal e, portanto, as atitudes e habilidades que mais precisamos cultivar nos alunos.

---

82 Cf. Jaime Nubiola, "Libertad, verdad, cordialidad: el diálogo como clave de la vida universitária", em *Documentos Core Curriculum* 14 (2019).

Sabedoria, juízo e verdade: três características da educação liberal

Nós, os filósofos, somos menos utópicos (no sentido de viver nas nuvens) do que se costuma dizer. Entre outras razões porque podemos compreender, melhor do que outros, a complexa relação que os ideais têm com a realidade. Com Kant, podemos dizer que as ideias têm uma função mais reguladora do que constitutiva. Na proposta de uma universidade humanista, a *ideia* da educação liberal de Newman deve servir como guia, mas cabe a cada professor e a cada instituição encontrar os caminhos possíveis para colocá-la em prática a partir de suas condições e circunstâncias. A menos que se opte pela revolução, não há outro caminho.

Em uma das poucas publicações em espanhol sobre o conceito de educação liberal, Víctor Pérez-Díaz ingressa nesse debate distinguindo as posições maximalistas das minimalistas. Ele propõe, com razão, um meio-termo: o das "ideias reguladoras"[1]. A concretização destas ideias é

---

1 Víctor Pérez-Díaz, "La educación liberal como la formación del hábito de la distancia", em *Formación y Empleo*, Madri, Fundación Argentaria-Visor, 2000, p. 9. Cf. também Víctor Pérez-Díaz e Juan C. Rodríguez, *Educación superior y futuro de España*, Fundación Santillana, Madri, 2001.

uma responsabilidade que, pela natureza da matéria, não pode ser deixada nas mãos das estruturas institucionais. Antes, só pode ser assumida pelo "resto" dos professores e alunos de que fala Alejandro Llano, mediante uma "conspiração leal à república das letras", cujas armas não podem ser outras senão a própria atividade acadêmica primária: "ler, reunir-se e conversar"[2].

Uma primeira questão que precisa ser considerada é se é possível oferecer uma educação liberal quando a universidade já não é mais para poucos, como à época de Newman ou na primeira metade do século XX, e sim para muitos. E assim, para muitos, ela deveria ser. Em primeiro lugar, porque a democracia como forma política exige que os cidadãos gozem dos meios necessários para exercer sua liberdade. E, entre eles, não podem faltar os intelectuais. Pelo menos era essa a opinião do *Redbook*: "A democracia exige sabedoria do homem comum. Sem o exercício da sabedoria, as instituições livres e a liberdade pessoal ficam inevitavelmente em perigo. Conhecer o melhor que foi pensado e dito noutros tempos pode nos tornar mais sábios, e nesse sentido as humanidades não são simplesmente nossa melhor perspectiva, mas a do mundo"[3]. Além disso, oferecer ao maior número possível de pessoas o acesso a essa sabedoria parece um imperativo moral. Nem mesmo Ortega — que foi acusado de elitismo — se opõe a isso[4].

É verdade que a massificação universitária dificulta algo assim, sobretudo em razão dessa quantidade e da escassa relação entre professores e alunos. Por isso, talvez mais do que em qualquer outro momento, hoje é

---

2 Alejandro Llano, *Segunda navegación. Memorias 2*, Encuentro, Madri, 2010, p. 414.
3 *General Education in a Free Society*, p. 1; cf. Robert M. Hutchins, *The University of Utopia*, p. 13.
4 Cf. José Ortega y Gasset, *Misión de la universidad*, p. 318.

mais importante do que nunca começar a oferecer uma educação humanística já no ensino médio. Esse é o momento propício. Na faculdade, por assim dizer, chegamos tarde. Segundo a breve experiência que tive lecionando a alunos do ensino médio (em seminários de verão), sempre me chamou a atenção que, ao contrário daqueles que já estão na graduação, eles ainda conservam certa "inocência intelectual", isto é, estão interessados em saber só por saber, e não porque haverá prova depois, porque isso melhorará o seu currículo ou os ajudará a encontrar um bom emprego. É como se, ao se matricularem no primeiro ano da universidade, nesses jovens fosse inoculada certa dose de utilitarismo.

Nesse sentido, cabe lembrar que uma questão comum nos debates norte-americanos sobre a educação liberal era justamente a estrutura do sistema educacional. Geralmente se aceitava que o período apropriado para a educação em artes liberais incluía os dois últimos anos do ensino médio e pelo menos os dois primeiros do *college*. Por isso, não era incomum que algumas universidades permitissem a matrícula aos dezesseis anos. De todo modo, parece necessária uma estreita colaboração entre universidades e escolas. É preciso chegar a tempo. Alguns anos depois do *Redbook*, acadêmicos de Harvard, Princeton e Yale traçaram um plano em conjunto com professores do ensino médio justamente para unificar o projeto educacional do ensino médio e do *college*[5]. Algo semelhante deveria ser feito hoje.

A trajetória das humanidades nos Estados Unidos, tal qual descrita no capítulo anterior, levantou uma série de questões sobre o que é próprio da educação liberal.

---

5 Cf. *General Education in School and College*, Harvard University Press, Cambridge (MA), 1952.

Neste capítulo, trato do que me parecem ser três características essenciais dessa visão educacional: a perspectiva sapiencial; o desenvolvimento da capacidade de julgar; e o amor ou interesse pela verdade. Não ofereço uma explicação sistemática, mas uso principalmente de exemplos e experiências <u>universitárias</u>.

Cultivar a perspectiva da sabedoria

Uma educação é liberal quando coloca o aluno diante das grandes questões da existência, de modo a que ele perceba que perguntas como "O que é o ser humano?", ou "Em que consiste o bem e a justiça?", não podem ser contornadas — e também que elas têm respostas, embora não seja fácil encontrá-las. A tradição cultural oferece-nos algumas. Por isso, a primeira tarefa educativa consiste em transmitir e atualizar (no sentido de tornar real) a tradição. A morte de Sócrates não é apenas uma questão de natureza histórica; tampouco a *Apologia* é um texto que se presta apenas à análise literária. Neste sentido, Bloom afirma que "uma educação liberal consiste precisamente em ajudar os alunos a se colocarem esta questão [O que é o homem?], a tomarem consciência de que a resposta não é óbvia ou inatingível e de que não há vida séria em que essa questão não seja uma preocupação constante"[6]. A universidade não deve oferecer respostas "enlatadas" ou "pré-cozidas", mas dedicar-se a semear preocupações.

A verdade, como explica Aristóteles, é dada de diversas maneiras. Existem vários "acessos" cognitivos ao mundo, tanto em sua dimensão teórica como prática.

---

6 Allan Bloom, *The Closing of the American Mind*, p. 21.

Entre eles está a sabedoria (*sophia*), que, juntamente com a técnica (*techne*), a ciência (*episteme*), a prudência (*phronesis*) e a compreensão (*nous*), faz parte das virtudes que aperfeiçoam o uso do intelecto. Sobre a sabedoria Aristóteles escreve: "É o mais perfeito dos modos de conhecimento. O sábio (...) deve não apenas saber o que deriva dos princípios, mas também possuir a verdade sobre os princípios. Assim, será ela (...) a ciência capital dos objetos mais estimados[7]." De forma sintética e necessariamente simplificadora, pode-se dizer que sábio é aquele que tem visão de conjunto e, portanto, consegue distinguir e hierarquizar os elementos da realidade, bem como as formas de conhecê-los adequadamente[8].

A sabedoria consiste tanto em possuir uma série de conteúdos quanto em desenvolver um hábito intelectual (em sentido aristotélico). Portanto, o objetivo não é que na universidade exista uma espécie de "matérias sapienciais" (por exemplo, as do *core curriculum*) que permitam alcançar o fim da educação liberal. É bom — essencial, eu diria — que existam essas disciplinas, mas não basta. O que é decisivo é que todo o currículo contribua para o cultivo da perspectiva da sabedoria. Por exemplo, para entender o que significa o oxímoro "lei injusta" e como ele é possível, não basta que o filósofo discuta o positivismo jurídico no primeiro ano de sua graduação, ou mesmo que um jurista o faça numa disciplina de teoria do direito, se depois, quando corresponde ao aluno estudar o "direito real" nas outras disciplinas, tudo o que ele encontra são códigos e leis desvinculadas da ideia de justiça.

---

7 Aristóteles, *Ética a Nicômaco*, 1141a16-20.
8 Cf. Tomás Baviera, "El ideal de la educación universitaria", em *Nuestro tiempo* 666 (2011), pp. 98-103.

Corre-se o risco de que o aluno associe o que ouve em algumas disciplinas com "a teoria" e, em outras — que costumam ser as mais "importantes" no plano de estudos —, descubra o que é "a realidade". Isto pode acabar por transformá-lo num cínico: "O que a ética diz é muito bonito e louvável, mas não pode ser aplicado à vida real. Se vivêssemos num mundo diferente..." Estou cansado de ver isso nos alunos. De todo modo, não quero ser pessimista. Existem maneiras de introduzir a perspectiva sapiencial no conjunto do plano de estudos, a fim de que os alunos descubram, por exemplo, a evolução histórica do direito, suas implicações sociais, por que ele não é moralmente neutro, como molda a cultura de uma comunidade política... Trata-se de trazer à tona o que se convencionou chamar de "subconsciente da cultura jurídica contemporânea"[9].

A neutralidade não é possível nem na ciência nem na educação. Sempre há pressupostos ou implicações, tanto das disciplinas quanto dos autores ou dos próprios professores. Até as próprias instituições de ensino têm um *ethos*. Todo saber faz parte de uma tradição. O importante é torná-lo explícito e objeto de reflexão. Para encontrar a unidade dos diversos saberes, é preciso atentar para a tradição a partir da qual se educa.

No Ocidente, houve pelo menos duas grandes tradições intelectuais de caráter propositivo: o cristianismo e a modernidade iluminista (cada uma delas com várias formas e ramificações). Haverá quem considere que o

---

9 Rafael García-Pérez, "Repensar el derecho desde una antropología cristiana", em Antonio Aranda (org.), *Identidad cristiana. Coloquios universitarios, Pamplona*, Eunsa, 2007, pp. 233-238. Nesse mesmo livro, há outras contribuições, a partir de várias disciplinas, que vão na mesma direção. Ainda que sejam feitas desde uma perspectiva cristã, a abordagem geral (descobrir o que há de implícito e pressuposto nas matérias) é válida para qualquer tipo de universidade. Mais recente, outra valiosa contribuição nesta mesma linha foi feita em María Lacalle, em *Busca de la unidad del saber. Una propuesta para renovar las disciplinas universitarias*, Editorial Universidad Francisco de Vitoria, Madri, 2018.

Sabedoria, juízo e verdade: três características da educação liberal

pensamento moderno, com sua ênfase na autonomia, é contrário ao conceito de tradição. No entanto, parece claro que, no campo do conhecimento, o Iluminismo deu origem a uma tradição educacional[10]. Como se sabe, um de seus marcos foi a fundação da universidade humboldtiana em Berlim, no início do século XIX. Vittorio Hössle explica que "a ideia de Humboldt, de uma personalidade que se desenvolve por meio da educação, cumpre formalmente uma função análoga à ideia de Deus na Idade Média; ambos os conceitos operam como fundamento da unidade do conhecimento"[11].

Embora se trate de tradições diferentes, não deve haver uma oposição irreconciliável entre elas. O cristianismo também é moderno, ou seja, há uma modernidade cristã. Por outro lado, o que se entende aqui por modernidade não exclui Deus. Talvez o decisivo seja que ambos coincidem quanto à capacidade que tem a razão de conhecer a realidade e organizar a vida social.[12] É verdade que, atualmente, não existem muitas instituições ou áreas de estudo em que uma dessas grandes tradições possa ser claramente reconhecida.

Pode-se objetar que a adoção de uma tradição específica vai de encontro à liberdade de professores e alunos. Seria este o caso se o que se chamou de "tradição" se tornasse "ideologia" e, portanto, a finalidade educacional fosse — para usarmos um termo habitual —

---

10 Assim afirma-se, por exemplo, em Alasdair MacIntyre, *Three Rival Versions of Moral Enquiry. Encyclopaedia, Genealogy, and Tradition*, University of Notre Dame Press, Notre Dame (IN), 1990.

11 Vittorio Hössle, "La idea de universidad ante los desafíos del siglo XXI", em *Documentos Core Curriculum* 8 (2018), p. 7.

12 Claro: poder-se-ia discutir longamente se estamos falando do mesmo conceito de racionalidade e em que medida isso influencia, por exemplo, a diferente concepção que cada um tem sobre a relação entre o natural e o sobrenatural. No entanto, justamente a possibilidade de suscitar uma discussão semelhante indica que não se trata de formas de conhecimento ou educação radicalmente heterogêneas, como se em cada uma os conceitos fundamentais fossem formulados em linguagens diferentes e intraduzíveis.

doutrinar. Newman, que em seus escritos pensava justamente no projeto de uma universidade católica, adverte contra esse perigo, deixando claro que o objetivo da educação não é a conversão (religiosa). O mesmo se poderia dizer da tradição moderna: seu objetivo não pode ser transformar os alunos em agnósticos ou ateus, como se essa posição fosse mais "racional" ou "objetiva". Toda educação autêntica tem um efeito libertador sobre o aluno. No sétimo capítulo teremos a oportunidade de retornar a essas ideias a respeito da tradição e de seu lugar na educação.

Desenvolver a capacidade de julgar

A segunda característica da educação liberal consiste no cultivo de outra qualidade intelectual: a capacidade de julgar. Seria o núcleo daquilo que Newman chamou de "hábito filosófico", ou seja, "um hábito do entendimento (...) que permanece por toda a vida e cujos atributos são a liberdade, a equidade, a serenidade, a moderação e a sabedoria"[13]. Nesse contexto, Newman usa o termo "conhecimento filosófico" como sinônimo de "conhecimento liberal", mas não quer dizer que a filosofia constitua a essência desse tipo de educação (como MacIntyre parece entender[14]), uma vez que a literatura ou a história são tão importantes quanto ela. A filosofia fornece certos elementos normativos e arquitetônicos, mas eles não são suficientes por si sós.

Newman escreve *Philosophy*, com letra maiúscula, quando a usa como termo para educação liberal. Usa a minúscula quando se refere à filosofia em seu sentido

---

13 John Henry Newman, *The Idea of a University*, p. 76.
14 Cf. Alasdair MacIntyre, *God, Philosophy, Universities*, p. 145.

comum. Ele escolheu o termo "Filosofia" porque queria evitar o que seria mais apropriado: "sabedoria" [*wisdom*], já que — pelo menos, em inglês — esta tem fortes conotações morais. Para ele, a educação intelectual independe da formação moral[15]. Isso, porém, não quer dizer que assuma uma postura instrumentalista. Pelo contrário: como a formação intelectual não garante o desenvolvimento moral, a universidade deve cuidar *também* da educação ética, como teremos ocasião de explicar no quinto capítulo.

Além disso, os outros dois traços mencionados neste capítulo, sabedoria e verdade, têm um conteúdo normativo claro, pelo menos no nível intelectual. Trata-se de fazer perguntas relevantes sobre a vida a fim de encontrar respostas e poder agir. E, já que estamos falando do cultivo de hábitos (isto é, disposições), não parece que possa haver desconexão completa entre o intelectual e o moral. É a mesma pessoa que sabe e que deseja ou age.

Ao falar do hábito filosófico, Newman pensava na *phronesis* aristotélica (embora sem o seu conteúdo moral). Este "conhecimento filosófico" é a "perfeição ou virtude do intelecto"[16]. Seu exercício se traduz na capacidade de "perceber", de "capturar" o universal no particular ou, em outras palavras, de arroupar determinada informação com a "ideia" que lhe corresponde e dá sentido no todo[17]. Não se trata de desenvolver habilidades ou competências, mas de ter conhecimentos que foram "assimilados" e "dominados por meio do pensamento"[18].

---

15 Cf. John Henry Newman, The Idea of a University, p. 91. Cf. Ian Ker, "Newman on Education", em *Studies in Catholic Higher Education*, dezembro de 2008.
16 John Henry Newman, *The Idea of a University*, p. 84
17 Cf. *Ibidem*, p. 85. Hutchins formula a mesma ideia quando se refere ao modo de transformar a informação em conhecimento. Cf. Robert M. Hutchins, *The University of Utopia*, p. 46.
18 John Henry Newman, *The Idea of a University*, p. 106.

O contrário seria "ler sem pensar", de modo que a pessoa se encontre "possuída por seus conhecimentos, mas sem possuí-los"[19].

Sobre a faculdade de julgar (*Urteilskraft*), Kant nos ensinou que consiste numa capacidade que não pode ser ensinada ou aprendida, mas exercida apenas. Do contrário, cairíamos numa regressão ao infinito, pela necessidade de haver mais uma instância sobre como aplicar as regras[20]. Praticar esse exercício seria um dos principais objetivos da educação liberal. Porém, continuando com Kant, a faculdade de julgar não se desenvolve meramente pela repetição ou imitação (pela memorização ou treinamento), mas pela apreensão dos princípios nos exemplos[21]. No tema de que estamos tratando, esses exemplos são aqueles que aparecem na literatura, na história ou na filosofia, e sobretudo na docência do professor.

Embora seja óbvio dizê-lo, para que os alunos desenvolvam a capacidade de julgar, o crucial é o corpo docente. Não se trata de algo que a estrutura institucional ou os planos de estudos possam garantir. Na educação liberal, os alunos compreendem o princípio *no* professor. O tão citado *Redbook* usa uma bela imagem, com ressonâncias clássicas: "A melhor maneira de contagiar o aluno com o desejo de integridade intelectual é colocá-lo perto de um professor que se dedica abnegadamente à verdade, de modo que, por assim dizer, uma faísca salte da mesa do professor para a sala de aula, acendendo no aluno a chama da integridade intelectual, que a

---

19 *Ibidem.*

20 Cf. Immanuel Kant, *Crítica da razão pura*, A 133 / B 172.

21 Kant usa dois termos para "exemplo": *Beispiel* e *Exempel*, cada qual com um sentido distinto. No âmbito educacional, o decisivo é que o aluno encontre o modelo (*Exempel*), ou seja, que identifique algo como "caso particular de uma regra prática" (Immanuel Kant, *A metafísica dos costumes*, Ak. VI 480, nota).

partir de então se conservará por si mesma[22]." Trata-se da "centelha" que está na origem de toda criação artística ou descoberta intelectual[23].

Em relação à capacidade de julgar, um acontecimento da vida de Newman é esclarecedor. Depois de terminar seus estudos, ele fez o exame para obter uma *fellowship* no Oriel College. Os rigorosos testes duraram dias. Newman sabia que tinha pontuações muito inferiores às de seus concorrentes, mas algo dentro dele lhe dizia que havia uma chance. Assim o descreve Culler, baseando-se em sua correspondência: "Era (...) o tipo de exame para o qual era possível se preparar, mas ninguém teria chance se não o tivesse feito durante a maior parte da vida. Tratava-se de um exame que testava o que a pessoa era em vez do que ela sabia. Não exigia nenhuma informação específica, mas simplesmente uma habilidade geral de pensar, e Newman sentiu que, se sua educação fizera alguma coisa por ele, devia ter sido algo desse gênero[24]."

Com frequência, na apresentação dos programas de *core curriculum*, salienta-se que seu objetivo é desenvolver o "pensamento crítico" (*critical thinking*). O problema é que isso nem sempre corresponde ao que se diz aqui sobre a capacidade de julgar, mas torna-se sinônimo da *openness* a que Bloom se referia. A diferença entre as duas abordagens foi bem sintetizada por Rafael Alvira: "Muitos apregoam que a tarefa da universidade é formar 'intelectuais críticos', mas isso não é pouca coisa. Se por crítica entende-se a capacidade de julgar em geral, então todos devemos ser críticos. Mas não é esse o

---

22 *General Education in a Free Society*, p. 72.

23 A metáfora da educação como centelha capaz de acender um fogo é clássica. Cf. Pablo Pérez López, "La educación y la chispa", em *Documentos Core Curriculum* 2 (2018).

24 A. Dwight Culler, *The Imperial Intellect. A Study of Newman's Educational Ideal*, Yale University Press, New Haven/Londres, 1955, p. 29.

viés; o tom, antes, é de rejeição, desmascaramento, 'queixa'. Ou seja: trata-se de uma posição social *secundária* (em detrimento do que deve ser criticado) e de uma formação *negativa*, sem *construção* da pessoa[25]." Provavelmente, a melhor maneira de desenvolver um pensamento crítico genuíno é ler os clássicos. Encarar, por exemplo, *A rebelião das massas*, de Ortega y Gasset, exige um duplo exercício intelectual: desvendar a argumentação do texto, com seu abundante uso de metáforas, e entender as teses do autor, justamente sobre problemas como o "hermetismo", o "direito à vulgaridade", o "problema do tolo" ou da "criança mimada"[26].

Se eu tivesse de escolher um meio para desenvolver a capacidade de julgar, sem dúvida seria a leitura reflexiva. Por isso não é de estranhar que, na atualidade, a educação liberal esteja ligada, de uma forma ou de outra, aos seminários de grandes livros. Na minha experiência, o primeiro desafio que os alunos encontram é a leitura superficial. Mesmo os alunos com excelente histórico acadêmico têm dificuldade em compreender as nuances de uma trama, a evolução dos personagens ou os vários níveis em que a história se desenrola — em suma, os aspectos relevantes de um texto. Nas primeiras aulas do semestre, ao discutir uma leitura, não é incomum que se contentem em determinar quem são os "bons" e os "maus" e como termina a narrativa. Parece que com isso já se disse o que é importante sobre obras como *Macbeth* ou *O estrangeiro*. Quando percebem esse problema, os alunos agradecem a advertência de que não viram o suficiente. Voltaremos a esta questão no final do quarto capítulo.

---

25 Rafael Alvira, "Sobre la situación del humanismo hoy", em Rafael Alvira e Kurt Spang (orgs.), *Humanidades para el siglo XXI*, Eunsa, Pamplona, 2006, p. 22.
26 Cf. José Ortega y Gasset, *La rebelión de las masas*, Alianza, Madri, 2014.

Também pode acontecer o contrário. Há estudantes de filologia ou de filosofia que têm dificuldade em transcender o aparato histórico-crítico a que estão acostumados. Têm dificuldades em atingir o fenômeno, a realidade concreta de que trata a obra. O aparato conceitual garante o rigor, sem dúvida, mas, se a faculdade de julgar não for adequadamente cultivada, podem dar-se situações como as que vivi numa de minhas aulas: tínhamos lido a *Odisseia*, e a conversa voltou-se para o caso de amor entre Penélope e Odisseu. Foi uma aula particularmente boa, cheia de ideias e referências capazes de iluminar a experiência amorosa contemporânea. De repente, um estudante de filologia interveio, irritado, para apontar que falávamos no vácuo, porque nossa concepção de amor vem do romantismo, com um significado muito diferente do mundo clássico. Dei-lhe a parcela de razão que — na minha opinião — ele tinha, mas também lhe expliquei algo que considero fundamental (e sobre o qual cheguei a discutir com alguns colegas). Se a relação entre Ulisses e Penélope não tem *nada* a dizer ao leitor de hoje sobre o significado do que chamamos de "amor", ou se apenas serve como um belo exemplo para uma forma histórica já abandonada, então temos um sério problema com os conceitos de tradição e cultura. Tentei argumentar que, por meio da história de Ulisses e Penélope, Homero estivera falando sobre o mesmo tipo de experiência que os alunos da classe poderiam ter em seus relacionamentos de namoro. Se não, do que ele falara? Como poderíamos minimamente identificá-lo e entendê-lo? É certo que o amor assume formas culturais que evoluem ao longo dos séculos, mas a sua compreensão não se limita ao horizonte temporal de determinada civilização ou cultura. Em sentido estrito, o humano é universal. Por isso, os clássicos continuam a nos desafiar.

Captar isso é uma das atuações fundamentais da faculdade de julgar, a qual pode ser dificultada pelo caráter excessivamente especializado ou técnico que, por vezes, o ensino das humanidades adquiriu. O risco, aqui, é acabar numas humanidades sem humanismo[27].

Despertar o interesse pela verdade

A educação liberal é uma educação para a verdade, em todas as suas dimensões. Na universidade, a verdade (e não a utilidade, o interesse ou o poder) deve ser a única moeda válida[28]. O relativismo dominante não ajuda, uma vez que faz com que a vida do aluno (ou do professor) se desenvolva em esferas independentes: a acadêmica, a profissional (ou social) e a pessoal. As verdades de um âmbito não se comunicam com as dos outros. Falta unidade vital.

Tenho constatado isso em sala de aula quando são discutidos assuntos que repercutem no âmbito pessoal ou político-social. Certa vez, dediquei três aulas para apresentar e discutir com os alunos um tema polêmico com claras implicações éticas e de justiça. Revimos os argumentos a favor e contra, eles fizeram muitos comentários às coisas que eu dizia e, na última aula, tentei resumir

---

27 Neste contexto é relevante a proposta de Rosalía Baena: recuperar a leitura por prazer também no âmbito educacional. Ela explica o seguinte: "*As a teacher of literature, I have struggled with contemporary critical approaches to literature that do not help students to focus on what really matters to them*" (Rosalía Baena, "Reading from Pleasure. From Narrative Competence to Character Education", em Edward Brooks, Emma Cohen de Lara, Álvaro Sánchez-Ostiz e José M. Torralba [orgs.], *Literature and Character Education in Universities. Theory, Method and Text Analysis*, Routledge, Londres/Nova York, 2021, p. 18). Por sua vez, José Manuel Mora oferece no mesmo livro uma útil apresentação da teoria da leitura de Ricoeur. Ele explica por que ler pode ser ocasião de transformação pessoal. Cf. José Manuel Mora-Fandos, "In Dialogue with Antigone. Ricoeur's Theory of Reading as a Tool for Designing a Core Texts Course", pp. 34-46.
28 Cf. Romano Guardini, "¿Voluntad de poder o voluntad de verdad?: la cuestión de la Universidad", em Romano Guardini, *Tres escritos sobre la Universidad*, Eunsa, Pamplona, 2012, pp. 65-81.

Sabedoria, juízo e verdade: três características da educação liberal

o que havíamos discutido. Escrevi os vários argumentos no quadro e, usando as próprias palavras dos alunos, fui avaliando a força de cada um deles. Cheguei a certa conclusão e perguntei o que eles achavam. Houve silêncio. Então uma aluna levantou a mão e disse: "O senhor tem razão. O argumento está correto, mas eu não compartilho dele." Silêncio da minha parte. Reconheço que este foi um momento de crise na minha vocação de professor de filosofia. "Se sou capaz de elaborar argumentos que os alunos reconheçam como verdadeiros, mas que não os tornem preferíveis ou mais valiosos do que os seus opostos, o que estou fazendo aqui?", pensei.

Quando consegui reagir e perguntei à aluna por que não compartilhava do argumento, ela não soube dizer nada. E não era porque não pudesse formular sua crítica. Foi simplesmente uma atitude visceral de rejeição, como se pensasse: "Reconheço que a conclusão é essa, mas não *posso* aceitá-la." Pareceu-me um bom exemplo do emotivismo moral dominante, como MacIntyre bem formula em *After Virtue*[29]. Era como se o raciocínio lhe tivesse provocado um curto-circuito intelectual. É desnecessário dizer que o que discutimos nessas aulas era um assunto que se enquadrava no domínio do politicamente correto.

Noutra ocasião, ao fim de um curso de ética, certo aluno escreveu-me: "Valorizo muito esta disciplina, na qual minha opinião, apesar de diferente de algumas das ideias que têm surgido, sempre foi respeitada e não tive a sensação de que estivessem tentando mudar minha maneira de pensar; e de fato isso não aconteceu." Gostei do comentário, pois de fato o objetivo do curso não era

---

29 Cf. Alasdair MacIntyre, *After Virtue. A Study in Moral Theory*, University of Notre Dame Press, Notre Dame (IN), 1981, caps. 2 e 3.

(nem deveria ser) mudar a forma de pensar do aluno, mas ajudá-lo a pensar por si mesmo, com rigor, em busca da verdade. A frase final — "e de fato isso não aconteceu" — me arrancou um sorriso, uma vez que soava como um triunfo de sua parte: era como se ele tivesse encarado o assunto como uma luta intelectual entre sua posição e a minha (algo que todos experimentamos com algum professor, eu acho). Continuando com a terminologia de guerra, parece-me que o resultado não fora tão claro quanto ele pensava, dado que o objetivo do curso era, em parte, que ele entendesse a racionalidade (ou razoabilidade) de algumas posições diferentes da sua — em especial, aquelas que diferem da cultura dominante. Eu diria que essa experiência de ver "sua opinião respeitada" e, ao mesmo tempo, poder *compará-la* com outras diferentes é uma das formas de colocar a verdade no centro do diálogo acadêmico. Embora ele não tenha percebido, acho que não me engano ao dizer que esse aluno já havia mudado sua forma de pensar, pois agora reconhecia que o pluralismo de opiniões morais não é meramente resultado de preferências individuais, interesses particulares ou da educação recebida, mas que há razões por trás de cada posição. Além disso, ele percebera ser possível questionar a veracidade de cada posição, ou ao menos seu grau de veracidade (em geral, as questões não se resumem a um preto-e-branco). O aluno notara que, no debate social e político, não deveria se tratar apenas de vencer, mas sobretudo de convencer.

Durante meu período em Chicago, o filósofo e teólogo Benedict Ashley ministrou uma conferência intitulada *How the University of Chicago Opened my American Mind*. Quando viera estudar na universidade, no início dos anos 1930, ele se juntou à Young Communist League e depois se juntou a um grupo trotskista. No

Sabedoria, juízo e verdade: três características da educação liberal

ano seguinte, começou a participar dos seminários de grandes livros organizados por Adler e Hutchins. Com a mesma paixão com que se dedicava às suas atividades trotskistas, dedicou-se à leitura dos clássicos. Contou então que a leitura de Tomás de Aquino o convencera das deficiências intelectuais do marxismo, ao que ele converteu-se ao catolicismo e ingressou na Ordem dos Pregadores[30]. Em sua palestra, Ashley assinalou que mesmo o que ele agora considerava errado (o marxismo) o aproximara da verdade, pois o erro está mais próximo da verdade do que a indiferença.

Isso foi há quase cem anos, mas parece que em Chicago eles conservam o mesmo espírito. Lá, conheci um aluno do terceiro ano de comunicação que, sabendo que eu estudava filosofia, quis falar comigo. Disse-me que era católico e que no *college* havia lido, entre muitos outros autores, Marx. Ele percebera que o que Marx propunha e sua fé não eram totalmente compatíveis, e ele tinha várias perguntas. O que me impressionou é que não se tratava, como às vezes se pensa, de um medo de "perder a fé" ou descobrir que aquilo em que acreditava era falso. Pelo contrário, Marx não lhe suscitava nenhum respeito especial. Ele colocava lado a lado o que sabia pela fé e o que lia em Marx, e a ambos pedia a mesma coisa: a verdade. Como pareciam incompatíveis, um dos dois tinha de ceder e admitir que o outro tinha mais razão.

O que há de mais contrário à verdade é a indiferença. Quem, estando errado, considera que algo é verdadeiro pode sair desse erro, pois tem a verdade como meta. Por outro lado, quem considera impossível distinguir a verdade do erro nunca o fará. Segundo a perspectiva moral,

---

30 Cf. Benjamin Recchie, "Cloth Bound. How the Great Books Seminar Turned a Radical Poet into a Philosopher and Priest", em *The Core. College Magazine of the University of Chicago*, verão de 2011.

dá-se o que se diz na Bíblia, considerando a tibieza como um estado da alma: "Porque não és frio nem quente..." Lidar com a verdade previne contra as diversas formas de dogmatismo, cada vez mais comuns hoje. Se, até alguns anos atrás o principal desafio na educação era o relativismo, de um tempo para cá não param de aparecer novas formas do que se poderia chamar — embora sejam palavras fortes — de "totalitarismo intelectual". Há um discurso dominante que não critica, mas desqualifica diretamente as posições que se opõem a ele e tenta negar aos que pensam diferente (aos dissidentes) o direito de intervir no diálogo acadêmico, mesmo que tenham argumentos razoáveis. Isso tudo é bem conhecido: trata-se da cultura do cancelamento[31]. O fenômeno surgiu nos Estados Unidos, e é lá também que ocorre uma reação em defesa da liberdade de expressão na academia. As universidades são o principal campo de batalha em que essa luta é travada. Pela tradição intelectual que tivemos a oportunidade de conhecer nestas páginas, não parecerá casual que a Universidade de Chicago tenha liderado a reivindicação pela liberdade. Ficou famoso o chamado *Chicago Statement*, ao qual outras universidades se juntaram[32].

Neste contexto, parecem-me relevantes algumas palavras de Bento XVI dirigidas aos professores universitários reunidos no Escorial. Sobre a verdade, ele disse: "Podemos procurá-la e nos aproximarmos dela, mas não podemos possuí-la totalmente[33]." Para a surpresa de

---

31 Uma excelente explicação dos riscos educativos e sociais desta questão pode ser encontrada em Greg Lukianoff e Jonathan Haidt, *The Coddling of the American Mind*. Iniciativas como a Heterodox Academy refletem bem a difícil situação em que nos encontramos e, ao mesmo tempo, oferecem caminhos de solução.
32 Cf. Robert J. Zimmer, "Free Speech Is the Basis of a True Education", em *The Wall Street Journal*, 26 de agosto de 2016.
33 Bento XVI, "Discurso no encontro com jovens professores universitários", Basílica de San Lorenzo de El Escorial, 19 de agosto de 2011.

não poucos, isso foi afirmado pela mais alta autoridade de uma religião que se autodenomina a "verdadeira". O que está por trás disso é o esforço por mostrar a necessidade da humildade intelectual. A verdade é antes de tudo uma busca e um modo de orientar a própria vida. Por esta razão, quando lhe perguntaram: "Pode-se *ensinar* a verdade?", Alejandro Llano deu como resposta: "Parece-me que a verdade propriamente dita não pode ser ensinada como tal, com as palavras: 'Esta é a verdade.' (...) O professor deve dizer o que considera ser verdadeiro ou indicar o que considera *não* ser verdadeiro. Existe sempre a relação com a verdade, mas não se trata de fazer uma lista de verdades. Isso me parece muito pouco filosófico, pois a filosofia é o amor pela verdade, e não a posse alcançada, pronta para ser servida no banquete da sabedoria[34]." E acrescenta, se me for permitido concatenar duas belas citações: "A verdade não é uma coisa. Assim como nunca se pode dizer que a vida é plena, porque homens e mulheres são realidades *in via*, nunca é possível dizer: 'Já tenho a verdade.' De certa forma, a verdade é sempre nova, pois as realidades são cada vez diferentes: nada se repete neste mundo. E sempre nossa compreensão da verdade é limitada. (...) Nunca se pode pensar (...): 'Já captei a verdade do ser, já sei o que é a liberdade, já sei o que é o conhecimento.' Na realidade, isso é algo que você está buscando, mas em nenhum momento desta vida trata-se de uma conquista já consumada[35]."

A verdade não é evidente. Existem algumas verdades que são claras, inegáveis, como 2 + 2 = 4. Mas a maioria não. Nem mesmo que Deus existe é evidente *quoad nos*.

---

34 Alejandro Llano, *Caminos de la filosofía*, p. 376.
35 *Ibidem*, p. 376.

Por isso, não faz sentido tentar impor a verdade: só cabe propô-la. O que se pode fazer — e este é um excelente resumo da tarefa universitária — é convidar outros a procurá-la juntos. Porque o que ninguém pode (nem deveria) negar é que *há* verdade. Somos capazes de distinguir o verdadeiro do falso, o bom do mau, o melhor do pior. Se não houvesse verdade, a liberdade não teria sentido — seria até ininteligível, pois não haveria *para quê*. Sem a verdade, em vez de pessoas, seríamos "qual uma planta" (*homoios phyto*), como explica Aristóteles no livro *Gamma* da *Metafísica*[36].

Bento XVI, em seu discurso no Parlamento alemão, disse — falando precisamente do direito natural — que "nunca foi fácil encontrar uma resposta" para a questão do bem humano e que, "hoje, de modo algum é *de per si* evidente o que seja justo"[37]. Por isso, o que todos precisamos é de "um coração atento" (*ein hörendes Herz*) como aquele que o rei Salomão pediu para estar na escuta da verdade[38]. Bento XVI trata da "sensibilidade para a verdade", sobre a qual ele também escreveu, citando Habermas, em seu discurso para a Università della Sapienza. A sala de aula é um dos poucos espaços onde ainda é possível convidar a essa escuta, ou seja, despertar esse amor pela verdade em que consiste a educação liberal.

---

36 Cf. Aristóteles, Metafísica, 1008b10-12.
37 Bento XVI, "Discurso na visita ao Parlamento alemão", 22 de setembro de 2011.
38 *Idem*, "Discurso preparado para o encontro com a Universidade de Roma 'La Sapienza'", 17 de janeiro de 2008.

4

Os grandes livros de uma universidade de tradição napoleônica

Seria estranho encontrar alguém que se opusesse a que as universidades ofereçam uma educação humanista. Mais comum é que o valor do projeto receba elogios, mas também alertas sobre a dificuldade de colocá-lo em prática, principalmente em países onde o Estado regula a educação. Para muitos, trata-se de um ideal belo, porém quase impossível de ser colocado em prática[1]. Por esta razão, dedico este capítulo a descrever o desenvolvimento do *core curriculum* da Universidade de Navarra[2]. Além do interesse que pode suscitar o conhecimento de questões organizacionais e práticas, esta é uma forma de argumentar, por meio de fatos, que, havendo professores interessados e vontade nos órgãos sociais, pode-se conseguir quase tudo o que se pretende neste terreno.

---

1 Carlos García Gual afirmava, há não muitos anos, que em nenhuma universidade espanhola há cursos em que se leiam os livros clássicos. Ainda que suas palavras não sejam exatas (pois algumas instituições os têm), é relevante que alguém com sua trajetória reivindique a leitura dos grandes livros nas universidades. Cf. Carlos García Gual, "Los clásicos nos hacen críticos", em *El país*, 23 de outubro de 2016. Por sua vez, Jordi Llovet propôs, numa reunião no Ministério sobre a reforma dos planos de estudos, que houvesse um *core curriculum* — sem empregar essa palavra — em todos os graus. Cf. Jordi Llovet, "Diálogos estériles y una carta", em Jesús Hernández, Álvaro Delgado-Gal e Xavier Pericay (orgs.), *La universidad cercada. Testimonios de un naufragio*, Anagrama, Barcelona, 2013, p. 239.
2 Escrevi a primeira e a terceira seção deste capítulo junto com Álvaro Sánchez-Ostiz.

Conheço algumas instituições, tanto na Espanha como em outros países da Europa, Ásia, América Latina e África, que possuem programas semelhantes[3]. No caso da Universidade de Navarra, a história recente começou em 2013, quando a reitoria criou uma comissão para a melhoria e desenvolvimento do *core curriculum*. Um dos resultados foi o lançamento, em 2014, do Programa de Grandes Livros. As novas disciplinas almejavam comunicar hábitos básicos para a vida intelectual: como ler (cuidadosamente), escrever (de maneira persuasiva) e argumentar (com rigor). A iniciativa não partiu do zero, pois a universidade vinha oferecendo uma formação humanista geral, em diversas modalidades, desde a sua fundação, em 1952. Não obstante, a metodologia dos seminários de grandes livros representou certa inovação na cultura acadêmica do nosso país. Estávamos entrando em águas desconhecidas.

Atualmente, o programa atingiu sua maturidade. É oferecido a praticamente todos os estudantes: a cada ano, cerca de mil alunos matriculam-se numa de suas disciplinas, e o grupo de vinte professores que o lecionam se consolidou. Obviamente, ainda há trabalho a ser feito, mas a experiência adquirida permite-nos ser otimistas. Vários fatores contribuíram para o bom desenvolvimento do programa, entre os quais três devem ser destacados: o apoio incondicional da reitoria; a ajuda que encontramos em outros educadores e instituições por meio da Association for Core Texts and Courses (ACTC); e o acompanhamento que fazemos por meio da "avaliação qualitativa baseada em narrativas"

---

3 Gostaria de mencionar expressamente a Universidade Adolfo Ibáñez, do Chile, uma vez que seu Programa de Artes Liberais, que inclui um *core curriculum* e uma série de cursos disciplinares, é dos mais completos que conheço em âmbito hispânico. Além disso, trata-se de um programa implantado há poucos anos.

(qualitative narrative assessment). Neste capítulo, vou referir-me primeiramente às decisões que tomamos para moldar o novo programa no contexto das restrições impostas por nossa tradição educacional. Em seguida, mencionarei brevemente algumas iniciativas da universidade para a formação de professores. Depois, explicarei as medidas adotadas para melhorar o projeto, desde as primeiras reuniões do comitê até o lançamento do novo *core curriculum*: um plano com dois itinerários, o comum e o dos grandes livros. Por fim, dedicarei uma seção às virtudes educativas dos seminários de grandes livros, ou seja, às formas como essa metodologia contribui, de maneira específica, para a formação intelectual dos alunos. Trata-se de uma reflexão pessoal, baseada na experiência adquirida em sala de aula.

Decisões institucionais: titulações profissionalizantes com core curriculum

A Universidade de Navarra deseja ser uma universidade voltada para a pesquisa que oferece, ao mesmo tempo, uma educação liberal. É o que se reflete nos "Princípios do *Core Curriculum*", cujo primeiro parágrafo afirma: "Desde a sua criação, e tal como afirma o seu Ideário, a Universidade promove o desenvolvimento da personalidade dos seus alunos em todas as dimensões; pretende contribuir para sua formação científica, humanística e cristã; promove nos alunos o sentido de solidariedade e fraternidade, que se concretiza nas obras de serviço à sociedade, sobretudo por meio do exercício da própria profissão; educa na capacidade crítica e no conhecimento dos problemas, de modo a permitir que cada um forme livremente as suas próprias convicções num legítimo pluralismo; pretende ser um lugar de convivência, estudo e amizade para pessoas de diferentes tendências políticas e ideológicas."

O sexto ponto desse documento enumera cinco objetivos educacionais para os alunos: "(1) Alcançar a maturidade intelectual mediante o estudo e a reflexão sobre as grandes questões da existência humana. (2) Chegar por si mesmos a uma interpretação global da realidade que dê sentido às suas vidas e ofereça um quadro de integração para o resto das disciplinas do seu curso. (3) Desenvolver sua capacidade de juízo, bem como sua liberdade intelectual. (4) Cultivar sua sensibilidade estética e moral por meio da arte, da literatura e do diálogo intelectual. (5) Descobrir a verdade, a bondade e a beleza tanto no mundo como da pessoa, que, tendo sido criada à imagem de Deus, é dotada de infinita dignidade."

As formas de atingir esses objetivos têm variado ao longo dos anos. Nas primeiras décadas (a Universidade de Navarra foi fundada em 1952), os alunos faziam cursos de ética profissional e teologia. Além de oferecer seus próprios títulos, as Faculdades de Filosofia e Letras e a Faculdade de Teologia desde o princípio assumiram a missão de contribuir para a formação humanista de toda a universidade. Em 1994 foram introduzidas as disciplinas obrigatórias de antropologia e ética, e a teologia tornou-se opcional. Para reger esse ensino e promover a interdisciplinaridade nas faculdades, a reitoria criou o Instituto de Antropologia e Ética em 1998. Em 2008, novas disciplinas eletivas de literatura, história e ciências foram acrescidas dentro de um módulo chamado "Chaves culturais". Desde então, fala-se do *core curriculum* da universidade, que consta de dezoito créditos (cerca de 180 horas de aulas presenciais). Estas disciplinas normalmente são lecionadas por meio de aulas expositivas a turmas entre 50 e 125 alunos.

A oportunidade de melhorar o *core curriculum* surgiu por volta de 2010, quando se abriu um processo de reflexão sobre nossa identidade como universidade de inspiração cristã voltada para a pesquisa. Seu objetivo era fortalecer a cultura institucional e facilitar o desenvolvimento de uma comunidade intelectual entre o corpo docente[4]. Os desafios que enfrentávamos eram os de sempre: a pressão da carreira acadêmica, a "multitarefa" a que estão submetidos os professores e as tendências individualistas de nossa sociedade. Como explicado nos capítulos anteriores, desde o século XIX as universidades espanholas, assim como em outros países europeus e latino-americanos, vêm seguindo a tradição educacional napoleônica, cujo objetivo principal é a preparação profissional. Por este motivo, não tem sido habitual que seus planos de estudos incluam conteúdos de formação transversal geral ou um *core curriculum*. No que diz respeito aos métodos de ensino, as aulas expositivas (também denominadas "aulas magistrais") e os manuais continuam a ser o sistema dominante, em detrimento dos seminários e do estudo de textos primários. Em nível institucional, as universidades têm uma estrutura vertical e bastante rígida: departamento, faculdade, reitoria etc.[5] Não há nada como um *college* que lide com a educação de todos os alunos de graduação numa universidade.

Em junho de 2013, participei com Álvaro Sánchez-Ostiz do seminário de verão "Tradition and Innovation: Liberal Arts Education through Core Texts", organizado

---

4 Cf. Alfonso Sánchez-Tabernero e José María Torralba, "The University of Navarra's Catholic-inspired education", *em International Studies in Catholic Education* 10 (2018), pp. 15-29.

5 A estrutura dos departamentos e faculdades também pode ser matricial: os graus dependem das faculdades, mas os professores dos departamentos lecionam em várias titulações.

pela Association for Core Texts and Courses. Este seminário ajudou-nos a tomar algumas decisões importantes e teve um efeito catalisador em nosso *campus* — e por três razões. Em primeiro lugar, embora a universidade já estivesse determinada a melhorar seu *core curriculum*, ainda não sabíamos como fazê-lo: a resposta estava nos seminários sobre grandes livros[6]. As semanas em Columbia e Yale deram-nos a experiência e o impulso intelectual de que precisávamos para iniciar o projeto em Navarra. Em segundo lugar, no outono de 2014, o documento "Princípios do *Core Curriculum*", já citado, foi apresentado aos docentes da universidade. Houve ali a oportunidade de explicar os benefícios intelectuais e pedagógicos dos seminários de grandes livros, e alguns professores imediatamente se ofereceram para ensiná-los. Além disso, a experiência do seminário de verão continuou: outros quatro professores participaram de atividades semelhantes em 2016 e 2019. Em terceiro lugar, tendo em conta a relativa novidade desta metodologia nas universidades espanholas, fazer parte de uma comunidade de instituições educativas por meio da ACTC reforça a nossa missão, fornece-nos recursos úteis e tem contribuído para melhorar significativamente a percepção do *core curriculum* entre alunos e professores.

---

6 Na verdade, a introdução dessa metodologia não foi a única mudança no *core curriculum*. Ao longo de vários anos, foi sendo feita uma revisão de todas as disciplinas e deram-se conversas com os professores, a respeito de sua docência, e com as faculdades, a respeito das necessidades formativas dos alunos. Como resultado, a oferta de ensino foi renovada com cursos, entre muitos outros, de valorização artística; deficiência, dependência e inclusão; ecologia; afetividade e relações pessoais; ou raízes históricas dos debates intelectuais atuais. A oferta de cursos sobre cristianismo, ministrados por professores da Faculdade de Teologia, também foi revista. Foram incluídos temas mais específicos, como o diálogo entre ciência e religião; a Bíblia; cristianismo, sociedade e economia; ou lendas negras sobre a Igreja. Chama a atenção que, apesar de ser opcional e de ter aumentado o número de cursos, a quantidade de alunos que escolhem uma disciplina sobre cristianismo cresce de maneira significativa: praticamente dobrou em poucos anos. Interpreto isso como um sinal claro de que as novas gerações ainda se interessam pela religião, sobretudo agora que são menos os que a conhecem. A única coisa que pedem é que lhes seja explicado com estatura acadêmica e de forma dialógica, não imposta.

Como já se mencionou, em outubro de 2013 a universidade criou a Comissão do *Core Curriculum*, composta por seis membros: os decanos da Faculdade de Filosofia e Letras e da Faculdade de Teologia, o diretor do Instituto de Antropologia e Ética e três representantes do Gabinete do Reitor (das Vice-reitorias de Alunos e da Organização Acadêmica). A comissão começou reunindo experiências e sugestões de outras instituições. Por exemplo, em dezembro de 2013, Roosevelt Montás, diretor do Center for the Core Curriculum da Universidade de Columbia, foi convidado para ministrar uma conferência numa jornada sobre "A identidade da instituição universitária". A oportunidade de ver em primeira mão o funcionamento de um *core curriculum* dentro de uma grande universidade de pesquisa foi crucial para convencer que o projeto não era apenas um belo ideal, mas algo realmente possível. A comissão também se propôs a oferecer uma melhor justificativa intelectual para o nosso currículo. Para isso, um grupo representativo de docentes elaborou o referido documento "Princípios do *Core Curriculum* da Universidade de Navarra"[7]. A reitoria o aprovou em outubro de 2014. Outro marco foi a transformação, em 2016, do Instituto de Antropologia e Ética no Instituto *Core Curriculum*, com o objetivo de oferecer uma estrutura administrativa adequada para dirigir o programa. O Instituto depende da Vice-reitoria de Docentes e atualmente oferece mais de seiscentos créditos (seis mil horas-aula) por ano, ministrados por cerca de cem professores de todas as faculdades (especialmente de Filosofia e Letras e de Teologia). Além disso, a universidade coorganizou os congressos "European

---

7 Cf. Rafael García Pérez, "Desfragmentar la universidad: el *core curriculum* como marco integrador de saberes", em *Documentos Core Curriculum* 1 (2018).

Liberal Arts and Core Texts Education", realizados no Amsterdam University College (2015), na Universidade de Winchester (2017) e na própria Universidade de Navarra (2019). Trezentos acadêmicos participaram dessas reuniões e constituem o exemplo mais tangível de uma rede emergente de instituições europeias interessadas em educação liberal.

A formação de professores e a profissão como serviço

Junto com o trabalho voltado para a melhoria do ensino do *core curriculum*, o Instituto passou a colaborar na formação de todo o corpo docente da universidade. Nas reuniões com a reitoria, chegou-se à conclusão de que — por mais óbvio que pareça —, para melhorar a formação que a universidade oferece aos alunos, o mais importante era cuidar da preparação dos professores. Em última análise, uma universidade é o que seus professores são.

A forma que se mostrou mais adequada para contribuir com a formação docente foi a criação de contextos reflexivos. Há quatro princípios que orientam essa abordagem[8]. Em primeiro lugar, os professores são formados em conjunto com outros professores. Por isso, facilitamos que os jovens tenham um mentor com mais experiência na vida acadêmica. Depois, entre as várias tarefas e funções do professor (ensino, pesquisa, gestão e orientação dos alunos), propomos que o princípio unificador seja a atividade docente. Trata-se de ter um fio

---

8 Para uma explicação mais extensa destes princípios, cf. Alfonso Sánchez-Tabernero, "La promoción de una cultura institucional reflexiva para la formación del profesorado: Experiencias en la Universidad de Navarra", em *Educatio catholica* 2 (2015), pp. 33-41.

Os grandes livros de uma universidade de tradição napoleônica

condutor que permita integrar as diversas demandas às quais qualquer acadêmico está atualmente submetido. Em terceiro vinha o autotreinamento. Procuramos criar espaços de reflexão e diálogo que contribuam para gerar uma comunidade intelectual. Trata-se de superar as tendências individualistas características de nossas sociedades. Para isso, são organizados seminários e sugeridas algumas leituras sobre a natureza e a missão da universidade, os desafios educacionais atuais e as necessidades práticas dos professores. Em quarto e último lugar, o futuro da instituição é confiado às novas gerações de professores. Trata-se de conscientizá-los de que são os protagonistas da tarefa educativa da universidade. Com esses objetivos, teve início em 2014 a primeira edição do Programa DOCENS, voltado para os professores doutores que se incorporam à universidade. Tem dois anos de duração, e o resultado vem se mostrando positivo. Cerca de 150 professores já o fizeram. Quando questionados sobre a sua opinião a respeito do programa, eles destacam que lhes permite conhecer professores de outros departamentos e faculdades, pensar em questões substanciais do seu trabalho universitário e sentir-se apoiado no início da carreira acadêmica, tão cheia de obstáculos. Por outro lado, e com o mesmo objetivo, desde 2013 é organizada anualmente a Jornada sobre a Identidade da Universidade, dirigida a diretores e professores sêniores, na qual são abordados temas diversos, desde a metodologia da pesquisa científica à responsabilidade ambiental, passando pela promoção do pensamento crítico.

Outra iniciativa promovida pelo Instituto foi — na falta de um nome melhor — o "Projeto Formativo Global de Graduação". Visava colaborar com cada uma das faculdades para que fossem formuladas as seguintes questões: "Que tipo de jornalista, advogado ou médico necessita a sociedade de hoje?", "Quais são as qualidades científicas, profissionais, éticas e pessoais de que necessitam?" e "Como fazer com que eles as adquiram por meio do plano de estudos e, em geral, durante seu tempo na universidade?" Essas não eram questões novas, mas a reitoria desejava, havia muito tempo, aprofundá-las. O projeto adquiriu sua forma atual em 2014. Como explica Rafael García Pérez, que promoveu a iniciativa, ela pode ser resumida no esforço de "desfragmentar" os estudos e a formação dos alunos[9].

O trabalho foi orientado em duas direções. A primeira tinha o intuito de verificar se os planos de estudos incluíam — além do *core curriculum* — as disciplinas que abordassem pressupostos intelectuais e históricos, bem como as implicações éticas e sociais da matéria (por exemplo, Ética Profissional, História do Direito ou Metodologia da Ciência). Além disso, buscava-se refletir se os alunos recebiam esses conteúdos como algo independente ou como algo justaposto às disciplinas mais específicas de sua graduação. O objetivo estava em integrar os três círculos concêntricos que estruturam cada plano de estudos: o *core curriculum*, as disciplinas de pressupostos e implicações e as matérias específicas da disciplina. Desta forma, procurou-se responder ao problema, já mencionado, da necessidade de um plano de estudos dotado de unidade e orientação. Essa forma de conceber a educação não é algo específico de universidades com identidade definida (como a religiosa), mas seria desejável em qualquer tipo de instituição. Apesar do que possa parecer à primeira vista, isso não contraria o legítimo pluralismo intelectual, nem os critérios científicos de cada professor, nem a liberdade acadêmica. Ao mesmo tempo, vai diretamente contra a

---

9 Cf. Rafael García Pérez, "Desfragmentar la universidad", p. 3.

Os grandes livros de uma universidade de tradição napoleônica

concepção, comum em nossas universidades, de cada disciplina como uma ilha independente das demais.

Quando os alunos começam seus estudos, não lhes é oferecido um conjunto desconexo de disciplinas, mas um plano de estudos. Para que o plano tenha uma estrutura, é necessário que os professores conversem entre si, saibam o que os alunos vão aprender nas outras disciplinas e, na medida do possível, direcionem o ensino para um fim educacional comum de cada titulação. Embora possa parecer óbvio para muitos, é difícil colocar algo assim em prática. Nós, acadêmicos, temos ciúmes da nossa autonomia, e isso é uma via de mão dupla. É positivo quando reflete a importância que damos ao ensino ou à nossa capacidade de iniciativa (não é necessário que ninguém venha dizer-nos como fazer as coisas), mas negativo quando se torna uma forma de *lockdown* ou, simplesmente, de demonstração de poder: "Nas minhas aulas eu decido", como um monarca absoluto.

A segunda direção que essa iniciativa tomou foi a de refletir sobre os conteúdos implícitos das disciplinas. Com base nos planos que as faculdades faziam para a integração dos três círculos concêntricos, alguns grupos de trabalho foram criados para concretizar as respostas às questões levantadas acima. Havia uma ideia básica: entender a profissão como serviço, ou seja, como meio de contribuir para a melhoria da sociedade. Frequentemente, a qualificação profissional é concebida apenas como forma de promoção pessoal (alcançar o tal "sucesso" de que falamos no segundo capítulo). E isso é certamente verdade. No entanto, nossas sociedades mudariam para melhor se os jovens graduados se perguntassem desde o início como contribuir para resolver, com seu trabalho, problemas sociais de natureza econômica, política ou ética. Precisamente em tempos como os que correm, em que há dificuldade de encontrar emprego ou tornar-se independente, é urgente que todos contribuamos para mudar as coisas. A universidade deve ser capaz de gerar maior "liderança" social — num sentido diferente da habitual *leadership*: em vez de perpetuar a dinâmica da tecnoestrutura, deve ter a coragem de transformá-la.

Os efeitos das iniciativas acima já começam a ser sentidos no *campus*. De todo modo, os resultados relacionados à formação de pessoas nunca podem ser programados. A única coisa que se pode fazer é semear e cultivar para que surja, naturalmente, um espírito de colaboração e interesses compartilhados. Embora o modelo de "multiversidade" vigente não facilite isso, minha impressão é a de que os acadêmicos sentem-se naturalmente atraídos por esse modo de viver a universidade.

Um core curriculum *com duas metodologias: aulas expositivas e seminários de grandes livros*

Desde 2008, a estrutura do *core curriculum* da universidade é a seguinte: cada titulação geralmente consiste em quatro anos de estudo, com 240 créditos de ensino, dos quais o aluno deve fazer dezoito em quatro disciplinas obrigatórias: Antropologia (seis créditos, dois semestres, primeiro ano); Ética (seis créditos, dois semestres, segundo ano); e dois cursos de três créditos denominados "Chaves Culturais" (um semestre cada de História, Literatura, Ciências, Teologia ou outras disciplinas, no terceiro ano). Nosso *core curriculum* tem 7,5% dos créditos de que um aluno precisa para se formar[10]. A isso

---

10 De um ponto de vista ideal, seria melhor que tivesse 24 créditos, de modo que se pudesse oferecer uma educação humanista mais completa. Além das complicações organizativas que isso ensejaria, os dezoito créditos atuais configuram uma carga letiva suficiente.

devem ser adicionados os assuntos de ética profissional e outros de pressupostos intelectuais da disciplina. No total, cada estudante cursa cerca de 24 a 30 créditos de disciplinas de humanidades, ou seja, 10% a 12% de seu plano de estudos.

Rapidamente ficou claro que, embora o Programa de Grandes Livros funcionasse bem, não seria viável — e provavelmente não desejável — torná-lo obrigatório para os mais de dois mil alunos que vêm ao *campus* todos os anos. Durante nossa semana em Yale, descobrimos que o seu programa de grandes livros (chama-se lá *Directed Studies*) era opcional e consistia em seis semestres. Inspirados neste modelo, desenhamos um plano com dois roteiros. De um lado, o itinerário ordinário, em que os dezoito créditos de Antropologia, Ética e Chaves Culturais são normalmente ministrados em aulas expositivas (juntamente com as atividades e metodologias que cada docente decide) para turmas de cinquenta a 125 alunos. De outro, o itinerário interfacultativo (ou Programa de Grandes Livros), em que os alunos cursam os mesmos dezoito créditos, mas seguindo principalmente a metodologia de leitura de textos[11]. Os alunos escolhem seu itinerário no início do primeiro ano.

Apesar dos benefícios manifestos, a nova ideia teve de superar obstáculos aparentemente intransponíveis: a obtenção de financiamento para aumentar o número de turmas, a persuasão das faculdades para que oferecessem o novo itinerário aos alunos, a coordenação de horários

---

11 Na verdade, seguimos uma metodologia mista, que as aulas expositivas com os seminários. Dos dois semestres de Antropologia (3 + 3 créditos), o primeiro consiste em aulas expositivas para um grupo de cinquenta a cem alunos, enquanto no segundo os alunos são divididos em grupos de 25 pessoas para os seminários de grandes livros. O mesmo esquema é seguido em Ética (3 + 3 créditos). Por outro lado, os dois semestres das eletivas (3 + 3 créditos) são ministrados apenas como seminários. Assim, um aluno pode fazer quatro semestres de seminários de grandes livros ao longo dos estudos.

(inicialmente, foi o mais difícil) e, o que é mais importante, a descoberta de professores interessados em ministrar aulas com essa metodologia. Felizmente, o clima criado na universidade facilitou a tarefa, e o Itinerário Interfacultativo: Programa de Grandes Livros começou oficialmente em setembro de 2014. Hoje, é escolhido por 15% a 20% dos alunos de cada curso. Parece-nos um número adequado.

Os professores são livres para planejar seu curso: tanto as questões organizacionais quanto a lista de leituras. Acabou sendo uma boa decisão não estabelecer livros obrigatórios para todos os cursos. Em primeiro lugar, porque temos apenas quatro semestres de aulas de seminário, e qualquer tentativa de fazer uma lista "canônica" seria parcial e incompleta[12]. Em segundo lugar, porque focamos mais no método do que no conteúdo. E, por fim, porque os professores se sentem mais à vontade e dispostos a ensinar essas novas disciplinas quando têm liberdade. A maioria optou por ler livros inteiros, mas alguns preferem usar seleções e trechos. O único requisito que devem cumprir é o de que sejam textos clássicos ou canônicos. Oferecemos aos novos professores conselhos e sugestões para desenvolver seu programa. Ao dizer que o método prevalece sobre o conteúdo, pressupõe-se que o assunto das aulas são os grandes temas da existência humana, desde a identidade até a consciência moral. Os clássicos da literatura e do pensamento sempre tratam dessas questões.

Outras iniciativas têm ajudado a consolidar o programa: a organização de uma conferência anual intitulada

---

12 Em universidades como Columbia, em que praticamente o primeiro ano e meio do curso só tem disciplinas de *core curriculum*, é possível cobrir cronologicamente as grandes obras da literatura e do pensamento. Além disso, elas incluem disciplinas de apreciação estética e musical, bem como ciência.

Os grandes livros de uma universidade de tradição napoleônica

"Os fins da educação" (uma ideia emprestada da Universidade de Chicago) e uma oficina sobre "Sessões de método: retórica e argumentação", de que todos os alunos devem participar[13]. Vimos a necessidade de uma oficina como essa desde as primeiras disciplinas que foram ministradas. Verificamos que o desenvolvimento das aulas era prejudicado pela leitura superficial e pela pouca capacidade de expressão dos discentes. Um número significativo deles ignorava aspectos relevantes dos argumentos ou não entendia que o texto fazia parte de um colóquio maior. Durante as aulas, alguns se dedicavam a compartilhar sentimentos em lugar de expor uma posição fundamentada. Outros formulavam ideias irrelevantes para a compreensão do texto, escreviam ensaios meramente descritivos ou enunciados encadeados sem uma linha de argumentação clara.

Descobrimos duas dificuldades a respeito do processo educacional: desconhecimento dos objetivos e falta das competências necessárias. Por um lado, os alunos não tinham clareza do que se esperava deles, pois a metodologia das disciplinas era nova. Por outro, muitos nunca colocavam em prática habilidades argumentativas básicas. Quanto à explicação dos objetivos, a experiência do primeiro ano levou-nos a escrever uma rubrica detalhada que pode ser aplicada a ensaios curtos e longos. A rubrica refere-se a questões de forma (apresentação, gramática, citações, estilo, estrutura) e conteúdo (tema, formulação da questão, compreensão, posicionamento, argumentação, conectores, introdução, parte intermediária, conclusão). O que mais se valoriza num ensaio é: correção, clareza, precisão,

---

13 Cobrem-se os seguintes conteúdos: 1. Leitura crítica e argumentação; 2. Estabelecimento de conexões e tomada de posição; 3. Redação de ensaios baseados em argumentos; 4. Exposição oral. O objetivo estaria em explicar, numa escala modesta, o que se ensina em Gerald Graff e Cathy Birkensteinm, *"They Say / I Say". The Moves That Matter in Academic Writing*, W. W. Norton, Nova York/Londres, 2014.

ordem, justificação, pertinência, interesse, profundidade, capacidade de convicção e elegância. Em consonância com a aprendizagem gradual dos objetivos das disciplinas, a maioria dos professores tem optado por aplicar uma avaliação progressiva, tendo em conta apenas as notas mais altas para a avaliação final, o que oferece oportunidades de melhoria aos alunos.

Quanto à falta de habilidades, o problema estava em que as habilidades necessárias para o bom desenvolvimento das disciplinas coincidiam exatamente com os objetivos básicos do *core curriculum*, ou seja, os hábitos fundamentais da vida intelectual: como ler, como escrever e como argumentar. Poderíamos ter pedido aos alunos para "aprender fazendo" (*learning by doing*), indicar alguma bibliografia para trabalharem sozinhos ou acrescentar algum conteúdo adicional às aulas. Optamos por esta última opção, por meio da oficina que se mencionou. De qualquer forma, um dos elementos-chave desta metodologia de ensino é o abundante *feedback* que os alunos recebem, tanto nas aulas quanto nas redações que produzem. Para isso, é necessário um corpo docente disposto a dedicar uma quantidade significativa de tempo a tutorias pessoais e correção de textos. Ao mesmo tempo, trata-se de uma dedicação com um claro rendimento educacional.

Para avaliar a aprendizagem dos alunos, seguimos o método de avaliação qualitativa baseado em narrativas. Para tanto participamos, entre 2014 e 2017, da segunda edição do projeto "Qualitative Narrative Assessment", organizado pela ACTC[14].

---

14 Os resultados podem ser consultados em: Álvaro Sánchez-Ostiz e José María Torralba, "The Great Books Program at the University of Navarra: report on the Qualitative Narrative Assessment of the *Core Curriculum*", em M. Kathleen Burk e David DiMattio (orgs.), *Qualitative Narrative Assessment: Core Text Programs in Review*, Association for Core Texts and Courses, 2018, pp. 35-75. Também está disponível em *Documentos Core Curriculum* 10 (2018).

Atualmente, continuamos usando a mesma metodologia ao avaliar o desenvolvimento do programa.

Virtudes educacionais dos seminários de grandes livros

Como acabamos de explicar, no desenvolvimento de nosso *core curriculum* optamos por um sistema dual. O motivo não foi apenas pragmático — a impossibilidade de ter professores para que todas as turmas fossem de 25 alunos ou a constatação de que os seminários funcionam melhor quando os alunos escolhiam livremente aquela metodologia. Respondeu também ao compromisso com o pluralismo metodológico e à convicção de que não existe uma única forma correta de educar. Os melhores professores são muito diferentes uns dos outros, e o que fazem em suas aulas não é muito parecido, como explica o conhecido livro *O que fazem os melhores professores universitários*[15]. A educação humanista não é diferente neste ponto. Por isso, o objetivo da Comissão do *Core Curriculum* na revisão da oferta docente consistia fundamentalmente em tentar incorporar os melhores professores da universidade e ajudar a aprimorar — se fosse o caso — aqueles que já lecionavam. Seguiu-se o modelo mais adequado para a formação de professores: os professores haveriam de aprender uns com os outros. Organizamos seminários práticos, pedimos aos mais experientes que orientassem os jovens, e se estabeleceu o costume de que uns pudessem assistir às aulas dos outros (algo a que — por motivos que ainda

---

15 Cf. Ken Bain, *Lo que hacen los mejores profesores universitarios*, Publicacions de la Universitat de València, València, 2007.

hoje me surpreendem — relutamos muito em nosso contexto educacional).

Não houve, portanto, um único método de ensino que fosse proposto como o melhor ou o mais adequado. Cada professor devia encontrar o seu, aquele que melhor se adaptasse aos seus pontos fortes e ao tipo de alunos que tinha em sala de aula. Ao mesmo tempo decidimos introduzir, como se explicou, uma metodologia até então não utilizada (ao menos de forma organizada): os seminários de grandes livros. Nesta seção farei referência às cinco virtudes pedagógicas que, pelo menos na minha experiência, este método possui: primeiro, promove a aprendizagem "em primeira pessoa", com interesse existencial; em segundo lugar, o ensino é baseado no conhecimento dos clássicos; depois, facilita o desenvolvimento da capacidade crítica, ou seja, pensa-se por si mesmo; em quarto lugar, oferece a experiência de ter uma conversa de alto nível intelectual; e, por último, ajuda a educar o olhar, para que o estudante esteja em condições de formular as questões pertinentes. Essa lista não pretende ser exaustiva, mas é suficiente para se ter ideia dos resultados educacionais que este método pode proporcionar[16]. Como se verá, os três traços característicos da educação liberal apresentados no capítulo anterior surgem aqui de forma aplicada.

A primeira das virtudes educacionais dos grandes seminários de livros está em que os participantes se envolvem existencialmente. É quase impossível assistir às aulas passivamente ou aprender os conteúdos de forma apenas teórica ou abstrata, sem considerar as implicações que

---

16 Esta questão também é tratada em Fernando Gil Cantero — Alberto Sánchez Rojo, "Hacia una pedagogía universitaria. Los seminarios de lectura en la universidad", em Fernando Gil Cantero — David Reyero García, (orgs.), *Educar hoy en la Universidad de hoy. Propuestas para la renovación de la vida universitaria*, Encuentro, Madri, 2015, pp. 34-49.

Os grandes livros de uma universidade de tradição napoleônica

têm para a própria vida. O objetivo final da educação é ensinar a viver (como se explicará no próximo capítulo), e isso vem à tona em disciplinas desse tipo. Os alunos se deparam com as ideias de Sócrates, Aristóteles ou Ortega y Gasset e são convidados a tomar partido, a questionar por que eles dizem o que dizem, a compará-los entre si e, acima de tudo, a descobrir como eles ajudam a entender o mundo atual.

Certa vez, após ler *a Rebelião das massas*, uma estudante de biologia aproximou-se de mim preocupada porque, como disse, não queria "ser massa". Ela me perguntava como poderia evitá-lo. Fiquei emocionado por ela ter levado Ortega y Gasset tão a sério. Respondi que, naquele momento, eu a ajudaria a aproveitar a matéria, já que seu objetivo era justamente impedir ou quebrar — na expressão de Ortega — o "hermetismo" característico da mentalidade do "homem-massa". Da mesma forma, ao ler *Confissões* de Santo Agostinho, não são poucos os que dizem abertamente: "Ele é como nós." Inclusive, certo aluno que considerava falsas e perigosas as ideias religiosas de Santo Agostinho declarou no final do curso, diante da turma, que aquele fora o autor por quem passara a nutrir o maior respeito intelectual: "Ele é um dos grandes."

Além das implicações existenciais, no que diz respeito estritamente ao conhecimento — por exemplo — do que é a consciência moral ou do mal, tal como aparecem em *Macbeth*, essa metodologia facilita que o aluno pense sobre os temas em primeira pessoa. Uma explicação teórica da ética sobre o bem e o mal é muito diferente de partir da realidade presente numa obra como essa (mesmo que ficcional). Desta forma, os conceitos são aprendidos "desde dentro", são incorporados à vida. Esse método facilita o "aprendizado profundo" porque os alunos apreendem os conceitos no contexto que lhes dá sentido.

A segunda das virtudes que mencionarei é o uso de fontes primárias, de modo que se aprende diretamente com os melhores autores da tradição. Ler Lope de Vega, Flaubert ou Wilde é um fim em si mesmo. Fiquei feliz com que a maioria dos alunos, num questionário que divulgamos em determinada ocasião, tenha respondido que o principal motivo da escolha do programa fora justamente a leitura dos livros. Não há necessidade de me estender sobre o que isso implica. Ao conversar com outros professores da universidade sobre como ajudar os alunos a amadurecer pessoal e intelectualmente, muitas vezes chegamos à conclusão de que o mais importante não é que expliquemos isso ou aquilo ou que organizemos esta ou aquela atividade, mas simplesmente que eles leiam. Cultivar o hábito da leitura, ainda mais dos clássicos, é provavelmente o melhor serviço educacional que lhes podemos prestar[17]. A leitura abre caminhos para a sabedoria e adverte contra quase todos os riscos contemporâneos, porque quem lê pensa.

Nas aulas, os estudantes aprendem em que consiste a leitura, pois, como já mencionei, o principal desafio está em que superem essa dificuldade de "ver" o que é importante com que chegam à universidade. Isso provavelmente acontece por estarem acostumados a aprender de forma compartimentada (por assuntos, tópicos, trimestres etc.) e fazem pouco uso da capacidade de relacionar e contextualizar. Esta é uma tarefa da faculdade de julgar. A clara vantagem de ler os autores diretamente,

---

17 Cf. José Manuel Mora, *Leer o no leer. Sobre identidad en la Sociedad de la Información*, Madri, Biblioteca Nueva, 2010; Pennac, Daniel, *Como una novela*, Anagrama, Barcelona, 1993; Gregorio Luri, *Sobre el arte de leer. 10 tesis sobre la educación y la lectura*, Plataforma editorial, Barcelona, 2020.

Os grandes livros de uma universidade de tradição napoleônica

em oposição aos manuais tradicionais (ou notas), vem de que são textos difíceis, que exigem interpretação e, portanto, o uso do juízo. Em suas casas, quando leem, nas aulas, quando intervêm, e nos ensaios, quando escrevem, os alunos exercitam continuamente essa faculdade. Como, seguindo Kant, já pude explicar, não há outra forma de aprender a usar a capacidade de julgar senão colocando-a em prática.

Quando nas disciplinas se pede aos alunos que escrevam ensaios argumentativos, de início eles não sabem o que fazer. Sua reação instintiva é ir à literatura secundária (de preferência a um clique de distância, na internet) e produzir um resumo do que os outros disseram. Por isso, indico-lhes — com alguma malícia — que, para não lhes dar mais trabalho do que já têm, é proibido usar literatura secundária. Os alunos devem preparar os ensaios a partir do texto que leram, das ideias discutidas nas aulas e, como apoio, de alguns guias de leitura elaborados pelos professores. Logicamente, isso exige mais esforço, mas o resultado vale a pena. Desta forma, eles aprendem o movimento intelectual fundamental: "eles dizem" (exposição correta das teses dos autores) e "eu digo" (proposição de um argumento ou conclusão própria). O mais valioso é que, depois de algumas semanas, eles percebem que estão pensando *com* Tucídides, Hannah Arendt ou Primo Levi, ou seja, que estão frente a frente com os grandes da tradição. E posso garantir que não há nada de pretensioso na atitude dos alunos. Pelo contrário: desperta-se neles um saudável sentimento de reverência. Além disso, sabem que fazem parte de um longo colóquio intelectual, ao qual sempre podem recorrer em busca de respostas. O principal objetivo de um grande programa de livros não é aumentar a "cultura geral" de que falamos no primeiro capítulo. Noutras palavras, o importante não é poder dizer que leu determinados autores. Isso seria típico de um colecionador, mas não de alguém que entrou no caminho do conhecimento em busca de sentido[18].

Há algo de misterioso nessa capacidade de "ver" o que é relevante, assim como há na criação poética ou na descoberta científica. Há alguns anos, uma aluna de Direito, muito responsável e com um histórico brilhante, foi revisar a nota de seus ensaios. Tivera uma média de 8,5, sendo dez o máximo. Estavam muito bem cuidados, sem um único erro de digitação, e se poderia dizer que gastara muito tempo neles. Ela achava que merecia nota máxima. Expliquei-lhe que faltara o decisivo: fazer uma pergunta relevante e perceber as nuances que costumam existir nas histórias que lemos. Não bastava que o que ela dissesse fosse linear e claro; ela precisava desenvolver a capacidade de "ver" um pouco mais. Encorajei-a a continuar nessa linha nas duas disciplinas do ano seguinte. Tinha certeza de que, mais cedo ou mais tarde, ela chegaria ao nível certo. A jovem não saiu muito feliz, para dizer o mínimo. No verão passado, um dia nos vimos de longe no *campus*. Para minha surpresa, ele se aproximou e disse: "Olha, estive pensando em nossa conversa durante todo o período de férias, e agora sei o que faltou em minhas redações. Agora eu *vejo*." Para educar, muitas vezes é preciso fazer sofrer (um pouco).

Ler os clássicos também ajuda os alunos a entender melhor o lugar da autoridade na educação. De início, isso parecerá ruim para alguns. Na realidade, não há educação sem o reconhecimento da diferença entre saber e

---

18 Assim se explica, seguindo umas ideias de John Senior, em Enrique García-Máiquez, "Grandes libros, grandes búsquedas", em *Nueva revista* 165 (2018), pp. 2-19.

Os grandes livros de uma universidade de tradição napoleônica

ignorar, entre o sábio e o tolo. Sócrates é o grande educador porque conscientizava aqueles que se aproximavam dele de sua ignorância, mesmo que isso os incomodasse. Os clássicos já haviam pensado, falado e escrito muito melhor do que nós sobre quase tudo o que é relevante para a vida humana. Por isso, esses autores são — perdoem a redundância — autoridades e fazem parte da tradição. Os seminários dos grandes livros proporcionam um lugar para que se aprenda o que é fazer parte de uma tradição (da qual não se tinha consciência) e por que ela é o ponto de partida natural para qualquer aprendizado[19]. Nesse sentido, são um bom antídoto contra o adamismo reinante.

A terceira das virtudes é o desenvolvimento da capacidade de pensar por si mesmo. Talvez seja a mais óbvia, pois os alunos encaram as questões em primeira pessoa e desenvolvem sua capacidade de julgamento. Já me referi, no capítulo anterior, ao "pensamento crítico" e como ele difere — em sua versão mais comum — do que se busca com um projeto de educação liberal. Para colocá-lo em palavras simples, o objetivo não pode ser transformar os alunos em céticos[20]. Pelo contrário: trata-se de despertar interesse e amor pela verdade. Na tradição, há posições conflitantes sobre questões importantes. Por isso, ao estudá-las, nota-se que as questões realmente relevantes não têm soluções simples (ao contrário da mentalidade simplista hoje muito difundida), mas conclui-se também que nem todas as soluções são igualmente válidas. Verdades existem, e corresponde a cada um descobri-las.

---

19 Aqui é pertinente a reivindicação da transmissão cultural que se faz em François-Xavier Bellamy, *Los desheredados. Por qué es urgente transmitir la cultura*, Encuentro, Madri, 2018.
20 Cf. Christopher Derrick, *Huid del escepticismo. Una educación liberal como si la verdad contara para algo*, Encuentro, Madri, 1982.

Sobre questões como o amor, ao ler, por exemplo, *Admirável mundo novo*, levanta-se a pergunta: "A sexualidade é algo sério ou banal, ou seja, é um mero jogo que deve ser praticado em condições seguras, ou, pelo contrário, tem um significado mais profundo para a vida das pessoas?" Esse é o dilema de Lenina, a protagonista do livro de Huxley[21]. Sobre este tema, a *Odisseia* oferece algumas orientações quando narra o reencontro dos amantes e como eles compartilham sua intimidade: "E quando eles haviam desfrutado de um amor agradável, os dois esposos se compraziam em contar um ao outro: ela, o quanto havia suportado no palácio; (...) por sua vez, Odisseu (...) contou-lhe quantas agruras causara aos homens e quantas ele próprio sofrera com fadiga. Penélope gostava de ouvi-lo, e o sono não caiu em suas pálpebras até que ele lhe contasse tudo[22]." Dados os valores dominantes na cultura atual, não é de se estranhar que as aulas sobre essas questões sejam particularmente animadas. É muito gratificante para o professor ver como os alunos conseguem discutir — a partir de posições pessoais conflitantes — não apenas de maneira educada, mas também mostrando interesse genuíno pela verdade. Não é como um debate em que o que se busca é vencer seu oponente ou "marcar um gol".

Nas aulas, pelo clima que se criou ao longo do semestre, surge naturalmente a vontade de chegar à resposta mais adequada ou correta. Pelo menos consegue-se que uns e outros entendam suas respectivas posições e que todos se sintam obrigados a justificá-las. Isso já é muito nestes tempos marcados pelo emotivismo moral. Como consequência, desenvolve-se uma confiança natural na

---

21 Cf. Aldous Huxley, *Un mundo feliz* [Admirável mundo novo], trad. Jesús Isaías Gómez López, Cátedra, Madri, 2013.
22 Homero, *Odisseia*, canto XXIII, l. 300-310.

Os grandes livros de uma universidade de tradição napoleônica

razão como instrumento para encontrar a verdade e na palavra como meio para resolver as diferenças. Acho que, como sociedade, estaríamos melhor se aqueles que fazem política tivessem de passar antes por um curso deste tipo.

Duas críticas frequentes a essa metodologia são a de que "cobrem-se poucos temas", uma vez que se gasta muito tempo lendo, e a de que as respostas para os problemas levantados não são claras — por exemplo, na ética —, já que o método é dialógico. Acho que as duas se desqualificam por si mesmas. O que é melhor: ter pensado a fundo nas questões decisivas ou ter um conhecimento superficial — por ouvir dizer — de muitos assuntos? Pelo menos nas humanidades, claramente é melhor o primeiro, porque oferece uma boa base para continuar aprendendo. Quanto à segunda crítica, bastaria reler a *Apologia de Sócrates* e se perguntar o que significa educar intelectual e moralmente. Algo já se disse, segundo as palavras de Alejandro Llano, sobre o fato de que a verdade não é uma "coisa" que se possa apresentar ou entregar em sala de aula. Querer transmitir princípios e ideias sem que o próprio aluno as tenha pensado é, no melhor dos casos, um empreendimento bem-intencionado. A experiência demonstra que esse conhecimento morre alguns segundos depois de terminado o exame da matéria. Por outro lado, havendo envolvimento pessoal e um colóquio sincero, pode-se avançar no caminho da "sabedoria humana" de que falava Sócrates. Em outras ciências, dados e evidências são usados. Nas humanidades, e particularmente na ética, o que temos são argumentos e histórias. Felizmente, os grandes livros estão cheios de belos argumentos e grandes histórias.

Depois de terminar uma disciplina, um estudante de filologia me convidou para um café. Ele realmente queria me contar o que havia aprendido ao longo do semestre. Disse-me que, por mais surpreendente que fosse, agora, pela primeira vez na vida, ele entendia o que era fazer o mal. Falou-me que na infância tivera formação religiosa e que agora se considerava católico. Portanto, o mal ou o pecado sempre estiveram presentes. Ele sabia que às vezes fazia as coisas de maneira inadequada e precisava retificar. No entanto, até ali — depois de ler as *Confissões*, *Retorno a Brideshead* e *Macbeth* —, nunca havia *sentido* que aquelas ações eram suas e que o haviam configurado como pessoa. Por assim dizer, e com as melhores intenções, sua vida tinha sido mais ou menos um jogo. Não tivera de tomar decisões importantes. Agora, finalmente, ele estava se conscientizando da realidade do mal e, por contraste, da força do bem. Considerava-se em melhores condições de viver a *sua* vida, com *suas* ações, consciente da transcendência das *suas* decisões. Não lhe falei isso, mas me lembrei do comentário de David Brooks sobre sua visita a Princeton.

Em quarto lugar, vou me referir a quão valioso é para os alunos verificar que é possível ter um colóquio intelectual de alto nível. Num dos questionários específicos que passamos no final das matérias, alguém escreveu: "Este curso permitiu-me ter um espaço em que falar de temas profundos sem que as pessoas me olhem com estranheza. Agrada-me poder falar sobre as coisas que realmente importam." Esses temas importantes são, é claro, a liberdade, o amor, ou Deus. Todos nós já fomos adolescentes e entendemos que existem assuntos que não cabem numa reunião de amigos. No entanto, quando você chega à faculdade e está prestes a completar vinte anos, parece que deveria haver mais espaço para esse tipo de assunto. O problema não é a falta de interesse (quem não se importa?), mas a ausência de um diálogo genuíno.

Os grandes livros de uma universidade de tradição napoleônica

Hoje existem mais meios de comunicação interpessoal do que nunca, mas sua qualidade provavelmente também é a mais baixa da história. Um estudante de filosofia me disse que, com seu grupo de amigos, poderia passar uma tarde inteira conversando sem parar, rindo e curtindo o momento. Contudo, ao voltar, se por acaso ficasse sozinho com algum deles, reinava o silêncio. Isso lhe parecia um grande paradoxo: passavam a tarde inteira como se fossem pessoas próximas, para depois descobrir que não era bem assim. Precisamos conversar mais, e isso só se alcança se aprendemos a fazê-lo. Por que as salas de aula da universidade não seriam um local adequado para esse aprendizado?

Quando visitei Columbia, disseram-me que os alunos liam os livros na mesma ordem, de modo que, numa determinada semana do semestre, todos discutiam em sala de aula *Crime e castigo*. Eles me fizeram notar que isso, inevitavelmente, fazia com que a conversa no *campus* girasse em torno dos temas da obra. Guardando a devida proporção, há pouco tempo uma aluna de medicina fez exatamente a mesma reflexão, pois, em algumas disciplinas do nosso *core curriculum* (Antropologia e Ética), todos os grupos leem os mesmos livros, em acordo com os professores. Ela me dizia que estava ansiosa por se encontrar com os colegas de outros cursos a fim de saber o que eles achavam das leituras e o que havia sido discutido em suas aulas. Eu diria que esse tipo de curiosidade intelectual é o que está na origem da centelha do conhecimento genuíno.

Alguns professores veem nesse método o risco de a sala de aula se transformar num bate-papo de café. Esse é um risco, com certeza — semelhante ao de que alguém adormeça ou se distraia numa matéria "ordinária". Uma aula de seminário, quando bem conduzida, é muito exigente para os alunos, pois eles sabem que não vale a pena "soltar" a primeira coisa que lhes vem à cabeça. O professor, bem como seus próprios colegas, vão logo perguntar-lhe: "E por que você diz isso?" Sem falar em que há um trabalho prévio de leitura, anotações e redação.

Num congresso da ACTC, em Los Angeles, houve uma sessão para universidades que estavam implementando ou revisando seus programas de grandes livros. Chamou minha atenção o fato de utilizarem a expressão *"Aha! moments"* ("Momentos a-há!") para se referir à coisa mais importante a acontecer neste tipo de aula. Depois de esclarecer o significado da expressão, todos os momentos desse tipo que presenciei nas salas de aula me vieram à mente. Às vezes são acompanhados por uma expressão sonora — esta mesma, ou outra mais típica —, mas frequentemente trata-se simplesmente de um gesto ou uma iluminação do rosto. São ocasiões de revelação intelectual. Se a eficácia educacional dessa metodologia tivesse de ser medida, isso teria de ser feito com base em sua frequência e qualidade. Infelizmente — ou felizmente —, não é possível mensurá-los, a exemplo do que acontece com quase tudo o que é importante na educação.

Por fim, a quinta virtude consiste na capacidade deste método de educar o olhar. Recentemente, incorporamos O *pequeno príncipe* à lista de leituras. Apesar das sugestões dos meus colegas, a verdade é que resisti em incluí-lo porque preferia livros menos "simples". A experiência com os alunos obrigou-me a admitir que estivera cometendo um grave erro. A simplicidade da história e dos personagens constitui justamente uma qualidade difícil de encontrar no mundo de hoje. Que o essencial é invisível aos olhos pode soar *naif*, mas é uma das verdades fundamentais da vida. Pode-se dizer que a matéria dos grandes livros consiste num processo de "purificação do olhar", para usar o título de um livro, sobre Platão, de um de nossos professores[23]. *O pequeno príncipe* nos fez refletir sobre como os livros que havíamos lido até aquele momento estavam nos ajudando a enxergar de uma forma diferente: mais profunda, mais limpa. Somente a partir dessa posição intelectual as realidades que consideramos ao longo do curso podem começar a nos dizer algo.

Nesse sentido, boa parte da tarefa do professor consiste em ajudar os alunos a serem capazes de formular as perguntas pertinentes. Mais importante do que ter respostas é saber perguntar, porque as soluções para os vários problemas examinados — o que é a liberdade, a felicidade ou o compromisso — só são alcançadas quando se adota a devida perspectiva. A impaciência típica dos jovens leva os alunos a tentar resolver as questões o mais rápido possível e a pedir ao professor que lhes dê, já, a solução. Sem desistir de intervir, esclarecer e corrigir o que for necessário, o trabalho do professor consiste mais em ajudar a perguntar bem do que em dar respostas. Como bem explica Roosevelt Montás, a educação humanista não "diz respeito às respostas, mas ao processo de perguntar"[24]. A experiência mostra que as respostas vão chegando no transcorrer das aulas, nos ensaios ou nos tutoriais. O importante é que não se limitem a engordar a lista de "conteúdos" que o aluno carrega na mochila, de matéria em matéria, mas que iluminem a sua vida.

---

23 Manuel C. Ortiz de Landázuri, *Purificar la mirada. La dimensión ética del saber en Platón*, Dykinson, Madri, 2015.
24 Roosevelt Montás, "Thinking About the Good Life: Meanings and Challenges to the Humanities in the Academy", em *Journal of General and Liberal Education* 7 (2012), p. 13.

Assinalei algumas virtudes da metodologia dos seminários de grandes livros e expus diversas situações reais que servem de exemplo. Não quero dizer que seja impossível alcançar os mesmos resultados educacionais — ou resultados até melhores — com outros métodos. Sei que isso pode ser feito e que depende fundamentalmente do professor e do contexto da sala de aula. A conclusão a que pretendo chegar é mais modesta: o método apresentado nestas páginas é um meio adequado ao fim da educação humanista.

5
Educação ética e do caráter na universidade

A educação ética nas universidades é uma questão em aberto, ao menos em países como a Espanha. Uma rápida consulta aos currículos de vários centros acadêmicos revela que, por exemplo, não é incomum que nos cursos de Administração e Gestão de Empresas faltem cursos de ética empresarial ou responsabilidade social. E algo semelhante ocorre em outros cursos com claras implicações para a sociedade, como a pesquisa científica ou o ensino escolar.

Já é lugar-comum afirmar que as causas da crise econômica de 2008 encontram-se — pelo menos em parte — nos valores que orientaram as decisões políticas ou na mentalidade de pessoas específicas: a famosa "cultura do *pitch*", a especulação financeira ou a falta de honestidade e coragem. De fato, assim o reconheceu o presidente de um país do G-8, em 2010, em um local nada suspeito de anticapitalismo como o Fórum Econômico Mundial de Davos: "Nossa visão do mundo estava errada. Portanto, o que temos que corrigir é a nossa visão do mundo", afirmou. Sentenças como essa confirmam que em questões sociais o fator decisivo é quase sempre a cultura e não as normas ou procedimentos. Apesar de ter havido modificações legislativas nos últimos anos, as tendências sociais continuam na mesma linha, de modo que o risco de uma crise semelhante se repetir não está muito mais distante do que então.

Quem é responsável pelas mudanças na sociedade? A resposta habitual nas nossas latitudes é: "O Estado e os políticos." Sem pretender tirar-lhes a responsabilidade, porque essa é a sua função, arrisco-me a dizer que, neste aspecto, a instituição universitária é tão ou mais responsável. É nela que os futuros profissionais são preparados. Além disso, seus *campi* recebem anualmente novos cidadãos e futuros líderes sociais — justamente em idades decisivas para o desenvolvimento e o amadurecimento pessoal.

Ética no ensino universitário

Neste capítulo tratarei da dimensão moral da educação oferecida pelas universidades. Num livro coletivo publicado há alguns anos, *Debating Moral Education. Rethinking the Role of the Modern University*, explica-se que, após quase um século de esquecimento e ausência, o ensino ético está voltando à sala de aula. Embora se refira principalmente à situação nos Estados Unidos, o diagnóstico também se aplica às universidades europeias e latino-americanas[1].

Entre os motivos que levaram à situação de esquecimento, destaca-se a orientação "mercantilista" da educação, que tem excluído dos *campi* questões não relacionadas à formação profissional. Por outro lado, são várias as tendências que explicam o retorno da ética. Repassarei alguns, seguindo o livro mencionado.

---

1 Cf. Javier Gracia, *El desafío ético de la educación*, Dykinson, Madri, 2018.

Em primeiro lugar, a concepção da ciência como atividade moralmente neutra deixou de ser dominante e, assim, "questões normativas adquiriram nova legitimidade intelectual como dimensão essencial da pesquisa"[2]. Qualquer atividade científica tem pressupostos e implicações morais e sociais, como discutimos no capítulo anterior. Em segundo lugar, embora no passado fosse comum falar na "responsabilidade que o ensino superior tem de preparar homens e mulheres para a cidadania democrática"[3], no início do século XXI o próprio conceito de democracia entrou em crise. Por esta razão, é agora mais necessário do que nunca refletir sobre questões éticas como a justiça, a liberdade ou a igualdade. Em terceiro lugar encontra-se "uma consciência crescente da dimensão performativa do ensino"[4]. Quer os professores gostem ou não, eles são referências para os alunos, que buscam orientação em suas vidas. Nesta situação, os professores devem encontrar "um meio-termo entre os extremos da doutrinação moral e da neutralidade ética"[5], o que só é possível se refletirmos sobre as dimensões morais da tarefa educativa. Por tudo isto, bem como por outras razões que se podem acrescentar, "a questão não é *se* (...) as universidades devem oferecer uma educação moral, mas *como* fazê-lo"[6].

Tentarei argumentar que a educação não pode se limitar ao cultivo do intelecto, mas deve incluir também a educação moral. Além disso, farei referência ao fato de que a ética não é um conhecimento puramente teórico:

---

2 Elizabeth Kiss e J. Peter Euben, "Debating Moral Education: An Introduction", em Elizabeth Kiss e J. Peter Euben (orgs.), *Debating Moral Education. Rethinking the Role of the Modern University*, Duke University Press, Durham, 2010, p. 10.
3 *Ibidem.*
4 *Ibidem*, p. 11.
5 *Ibidem.*
6 *Ibidem*, p. 12.

inclui sempre um aspecto prático, ou seja, a formação do caráter das pessoas. Na formação universitária seria necessário atender tanto a um como a outro[7]. Não tratarei aqui de conteúdos específicos[8].

Desde já, dois alertas básicos devem ser feitos para evitar possíveis mal-entendidos sobre os conceitos de educação moral e do caráter. Em primeiro lugar, seguindo Aristóteles, utilizo "moral" em relação ao "caráter": a moralidade de uma pessoa reside no seu caráter, na sua forma de ser e de viver. A moralidade não consiste apenas na capacidade de distinguir o bem do mal (em formular juízos éticos), mas também em escolher corretamente e agir de modo consequente, para o que os correspondentes hábitos do caráter se fazem essenciais.

Em segundo lugar, a distinção aristotélica entre virtudes intelectuais e morais permanece crucial para o debate contemporâneo. O estagirita considera que "a virtude [é] relativa à obra própria [*ergon*]"[9]. No caso da pessoa humana, ele distingue entre a função ou obra do intelecto, que é a verdade[10], e a função própria do desejo, que é a boa ação. Por esta razão, existem virtudes intelectuais e morais[11]. As intelectuais são cinco: ciência, sabedoria, intelecto, prudência e arte. Por sua vez, as virtudes morais são disposições do caráter referidas à eleição, que

---

7 Cf. Bohlin, Karen E., "Character Education at the University: A Worthy Purpose", em James Arthur e Kahren E. Bohlin, *Citizenship and Higher Education. The Role of Universities in Communities and Society*, Routledge, Londres/Nova York, 2005, pp. 73-88; Juan Pablo Dabdoub, "Para devolver a la educación su sentido originário", em *Nuestro tiempo* 709 (2021), pp. 26-33.

8 É interessante o programa que o *Oxford Character Project* está desenvolvendo. Alguns dos primeiros resultados podem ser consultados em Edward Brooks, James Brant e Matthew Lamb, "How Can Universities Cultivate Leaders of Character? Insights from a Leadership and Character Development Program at the University of Oxford", em *International Journal of Ethics Education* 4 (2019), pp. 167-182; Matthew Lamb, James Brant e Edward Brooks, "How is Virtue Cultivated? Seven Strategies for Postgraduate Character Development", em *Journal of Character Education* 17 (2021), pp. 81-108.

9 Aristóteles, *Ética a Nicômaco*, 1139a17.

10 *Ibidem*, 1139b12.

11 *Ibidem*, 11033a3-7.

levam a agir bem. Segundo a tradição, as principais são a temperança, a fortaleza e a justiça.

Na próxima seção, tratarei da maneira como a educação do caráter foi entendida pela tradição da educação liberal, em que — surpreendentemente — o cultivo do intelecto e do caráter parecem ser atividades independentes. Na última seção do capítulo, farei referência às universidades como um todo (não apenas àquelas que seguem a tradição da educação liberal) e tentarei argumentar por que uma educação profissional adequada precisa incluir a reflexão ética.

A educação do caráter na tradição da educação liberal

Se a virtude (moral) pode ser ensinada é uma questão tão antiga quanto a própria filosofia. Quase igualmente antigo é o desejo de saber se a educação deve incluir a formação do caráter e, portanto, a aquisição de virtudes, ou se, ao contrário, deve limitar-se ao cultivo do intelecto. Como explicado no conhecido estudo de Kimball, as duas grandes tradições da educação liberal, a retórica (de Cícero e Quintiliano) e a filosófica (de Sócrates), compartilham do "objetivo de preparar o bom cidadão para dirigir a sociedade"[12]. Diferem porque os retóricos consideravam que "a função da educação liberal é ensinar ao aluno as virtudes" (o que são e no que consiste ser virtuoso), enquanto os filósofos propunham "ensinar ao aluno como procurar as virtudes"[13].

---

12 Bruce A. Kimball, *Orators & Philosophers. A History of the Idea of Liberal Education*, Teachers College Press, Nova York, 1986, p. 37.
13 Bruce A. Kimball, *Orators & Philosophers*, p. 38.

Será útil fazer um breve passeio pela história da educação liberal. O ponto de partida pode ser a pergunta de Sêneca numa de suas cartas a Lucílio. Nela, pergunta se os estudos liberais "tornam o homem bom"[14]. Ele responde que, em sua forma tradicional, esses estudos não o aperfeiçoam moralmente, apenas preparam a alma para a virtude. Sêneca, no entanto, defende justamente a necessidade de um tipo de artes liberais que trate diretamente da virtude[15], pois somente estudos assim seriam dignos do homem livre.

Santo Agostinho foi educado nas artes liberais e, mais tarde, refletiu sobre a relação entre a educação clássica e a cristã. Sua própria experiência, tal qual descrita nas *Confissões*, mostrava-lhe que a educação liberal não o ajudara a levar uma vida virtuosa. A razão para isso, explica ele, está em que o conhecimento não tem influência sobre as paixões e a vontade[16].

Tomás de Aquino retoma essa questão e a formula a partir da distinção aristotélica entre virtudes intelectuais e virtudes morais. Segundo São Tomás, as artes liberais desenvolvem as primeiras, mas não as segundas. As virtudes morais só podem ser adquiridas por meio da prática e do exercício. Para fazer o bem não basta saber o que é bom. Surge, pois, a questão de saber se o conhecimento do bem pelo menos nos inclina a fazê-lo. Para o Aquinate, a resposta é negativa, pois é possível possuir virtudes intelectuais (como ciência, sabedoria e intelecto) sem as virtudes morais[17].

John Henry Newman, por sua vez, estabelece — pelo menos em princípio — uma clara distinção entre

---

14 Sêneca, *Cartas a Lucilio*, Cátedra, Madri, 2018, 88/2, p. 473.
15 Cf. *ibidem*, p. 479.
16 Cf. Santo Agostinho, *Confissões*, IV, 28-31.
17 Cf. Matthew Rose, "The Liberal Arts and the Virtues. A Thomistic History", em *Logos* 18 (2015), pp. 57-58.

educação liberal e formação moral. Para ele, "a Educação Liberal, considerada em si mesma, consiste simplesmente no cultivo do intelecto"[18]. Como se lê numa conhecida passagem de sua obra, a universidade não se preocupa nem com provocar uma "impressão moral, nem com a produção mecânica; não se compromete a exercitar a alma nem no dever, nem na arte; sua função é a cultura intelectual"[19]. Embora Newman considere que o conhecimento é uma necessidade humana e que, ao alcançá-lo, nos aperfeiçoamos[20], não lhe parece que essa melhora seja de natureza moral em sentido estrito.

Apesar dessas afirmações claras, acho que seria errado concluir que, para Newman, a formação do caráter seja algo estranho aos propósitos universitários. É preciso lembrar o contexto histórico em que escreveu seus discursos: a fundação da Universidade Católica da Irlanda a pedido dos bispos daquele país. Sua insistência em separar a educação intelectual da moral pode ser entendida como uma forma de sublinhar algo decisivo para ele: "Uma universidade, tomada em sua ideia essencial, e antes de a ver como um instrumento da Igreja, tem este objetivo e missão [a Educação Liberal][21]." Ao mesmo tempo, a experiência de Newman foi marcada pelo caráter residencial e pelo sistema de tutoria da Universidade de Oxford, que ele nunca negou. Ambos os elementos tinham uma função claramente "moral e parental" [*in loco parentis*][22]. Levando tudo isso em conta, pode-se dizer que Newman considerava a formação moral *também* como objetivo do ensino superior.

---

18 John Henry Newman, *The Idea of a University*, p. 92.
19 *Ibidem*.
20 Cf. *ibidem*, p. 78.
21 John Henry Newman, *The Idea of a University*, pp. 94-95.
22 Cf. D. G. Mulcahy, *The Educated Person. Toward a New Paradigm for Liberal Education*, Rowman and Littlefield, Lanham, MD, 2008, p. 60.

A resposta oferecida por Robert M. Hutchins segue as linhas de Tomás de Aquino e Newman. Para Hutchins, "o objeto da educação é a aquisição [*production*] da virtude"[23] e deve iniciar o aluno "no caminho da prudência"[24]. Por sua vez, Daniel Bell descreve o *college* como lugar onde o aluno tem tempo "para pôr à prova a si mesmo e sua alma, para pôr à prova suas muitas ambições, e confrontar as várias ideias intelectuais concorrentes"[25]. Segundo ele, o problema está em que — escrevia isso já nos anos 1960 — o "profissionalismo" vinha erodindo a universidade e transformando-a em lugar onde os alunos se preparam para o mercado de trabalho, mas não para a vida.

Os autores citados até aqui coincidem em que uma educação completa deve incluir o cultivo tanto das virtudes intelectuais quanto das morais, independentemente da relação exata entre elas. Hutchins introduz uma questão relevante ao sustentar que a responsabilidade pela educação moral não recai sobre as universidades, mas sobre a família, as igrejas e a sociedade[26]. MacIntyre oferece uma boa resposta quando descreve a educação como uma prática que envolve alunos e professores e na qual "a busca dos bens das artes e da pesquisa permite que os indivíduos que se dedicam a tais atividades alcancem seus próprios bens"[27]. Em sua opinião, as universidades (e as escolas) não são suficientes para essa tarefa. Faz-se necessária a colaboração da família e da sociedade. Todas as três instâncias

---

23 Robert M. Hutchins, "The University and Character", em *Commonweal* 27, 22 de abril de 1938, p. 710.
24 *Idem*, *The Higher Learning in America*, Yale University Press, New Haven, 1974, p. 67.
25 Daniel Bell, *The Reforming of General Education*, p. 142.
26 Robert M. Hutchins, "The University and Character", p. 710
27 Alasdair MacIntyre, "Aquinas's Critique of Education: Against His Own Age, Against Ours", em Rorty, A. Oksenberg (org.), *Philosophers on Education: New Historical Perspectives*, Routledge, Londres, 2005, p. 103.

devem "trabalhar em conjunto para envolver os indivíduos naquelas práticas em que se habituem ao exercício das virtudes morais, sobretudo da prudência"[28]. A razão para tanto está em que a aquisição de virtudes só é possível no contexto de práticas que facilitem o desenvolvimento dos hábitos correspondentes.

A educação liberal visa cultivar as virtudes intelectuais e morais. Embora esses conceitos venham de Aristóteles, não é necessário ser aristotélico para compartilhar da ideia. O que é preciso é admitir que a formação universitária não pode fugir da questão do que é bom e justo na sociedade e na própria vida. Os professores são, em parte, responsáveis por conscientizar os alunos dessas questões. Encontrar respostas nunca será fácil, sobretudo em sociedades pluralistas e cada vez mais complexas como a nossa; contudo, o simples fato de o tema ser tratado já contribui para que se viva melhor. Ao menos é isso o que aprendemos com Sócrates a respeito da conexão entre a vida examinada e a vida digna.

Em sentido estrito, as virtudes não têm como ser ensinadas, mas professores e alunos podem fazer o papel de *parteiras*, tanto de modo intelectual (por meio da conversa dentro e fora da sala de aula) como prático (na relação pessoal com os outros). Os *liberal arts colleges* e as universidades residenciais (como, por exemplo, na tradição espanhola dos *colegios mayores*) oferecem o contexto ideal para o surgimento de um tipo de comunidade em que as virtudes sejam aprendidas e exercitadas.

Voltando, então, à pergunta de Sêneca que mencionamos no início desta seção: uma educação liberal torna uma pessoa boa? Não necessariamente, mas decerto ajuda a criar o contexto adequado para o crescimento ético.

---

28 *Ibidem.*

Crescer moralmente não é resultado de um processo de produção, mas fruto de um paciente cultivo e cuidado de si mesmo.

A cisão público-privado e a ética profissional

Após décadas de debate, no ensino médio há um amplo consenso sobre a necessidade de incluir ali a educação do caráter[29]. O número de publicações, centros e projetos dedicados a promovê-la continua aumentando. A crise familiar, as tensões sociais e o desafio da integração dos imigrantes têm tornado os governos cada vez mais interessados no papel das escolas para a formação cívica e moral das novas gerações.

Todavia, essa necessidade não parece tão clara no nível universitário, sobretudo porque os alunos já são maiores de idade. De fato, poderia parecer que a intenção é interferir na sua liberdade. A razão para esta forma de ver as coisas vem de que, nas nossas sociedades, a ética costuma situar-se na esfera privada, e por isso as instituições sociais (como as universidades) deveriam limitar-se a criar um espaço em que sejam respeitados os diferentes pontos de vista morais. A forma de liberalismo político que configura — pelo menos por enquanto — nossas democracias leva-nos a considerar que a esfera social deve ser moralmente neutra.

A estrita divisão entre o público e o privado influencia o fato de que a ética muitas vezes não se faz presente na formação profissional oferecida pelas universidades. No entanto, um dos lugares onde mais se verifica a

---

29 Cf. Concepción Naval, María Carmen González-Torres e Aurora Bernal, "Character Education. International Perspectives", em *Pedagogia e Vita* 73 (2015), pp. 155-184; James Arthur, *Education with Character. The Moral Economy of Schooling*, RoutledgeFalmer, Londres/ Nova York, 2003.

Educação ética e do caráter na universidade

artificialidade dessa separação é justamente no campo das profissões. Por exemplo, após a crise econômica de 2008 e os escândalos sociais das últimas décadas, não são poucas as escolas de negócios ao redor do mundo que julgaram necessário repensar a formação que oferecem em suas salas de aula aos líderes da sociedade[30]. A formação profissional não pode se limitar ao ensino de técnicas, pois todas as pessoas terão de enfrentar problemas e dilemas éticos no desempenho do seu ofício. E esses dilemas provavelmente também as afetarão pessoalmente.

Além disso, a educação em ética profissional não deveria limitar-se aos conhecimentos teóricos (a ser capaz de julgar o que é o certo), mas também levar em consideração o cultivo do caráter (como levar à prática esses juízos e tornar-se um profissional honrado, por exemplo). É certo que podem existir diferentes modelos e abordagens na formação ética, mas, tendo em vista nossa história recente, não se deve duvidar mais da sua necessidade.

Cada profissão oferece um serviço à sociedade e é parte essencial da vida de quem a exerce. Por esta razão, a questão sobre o que seria uma boa sociedade e uma vida pessoal satisfatória surge naturalmente no âmbito dos estudos universitários. É verdade que algumas profissões têm uma dimensão ética mais clara do que outras[31]. Mesmo em trabalhos como os da medicina ou enfermagem, poder-se-ia invocar a distinção público-privado para argumentar que alguém pode ser um bom médico ou enfermeiro sem ter de ser também um bom pai ou cidadão. E, em alguns aspectos, isso é verdade.

---

30 Cf. Adam Palin, "Financial Crisis Forced Business Schools to Change Curriculum", em *Financial Times*, 23 de junho de 2013.
31 Cf. David Carr, "Moral Values and the Teacher: Beyond the Paternal and Permissive", em *Journal of Philosophy of Education* 27 (1993), pp. 193-207.

No entanto, no caso da profissão docente, é mais difícil fazer essa diferenciação[32]. Ensinar requer uma relação pessoal entre professor e aluno. Nessas situações, os alunos aprendem com os professores tanto pelo que eles dizem quanto pelo que fazem. Há questões de justiça, integridade, humildade e serviço que estão sempre presentes no campo educacional. Por isso, e além das eventuais deficiências na formação técnica, quando os alunos se queixam de um professor é quase sempre por questões morais: arrogância, injustiça, mau caráter, dedicação insuficiente às suas tarefas ou incapacidade de colaborar com os outros. Querendo ou não, no campo do ensino, a ética não se aprende apenas nos livros, mas também *a partir do* professor[33]. Tudo isso pode parecer excessivamente exigente. Afinal, professores (assim como outros trabalhadores) são pessoas normais, com vidas comuns. A própria ideia de que devemos nos tornar uma espécie de exemplo para os outros parece no mínimo pretensiosa. Com efeito, não se trata de se *colocar* como exemplo, mas de estar ciente de que, bem ou mal, nós o somos.

Embora a divisão público-privado pareça artificial e conduza a aporias que é importante assinalar, ela também tem aspectos valiosos que não convém passar batidos. Entre outros, proporciona uma forma de combinar a liberdade individual com a vida comum da sociedade. No contexto educacional de que estamos falando, David Carr tem demonstrado a necessidade de encontrar um meio-termo entre os excessos aos quais pode conduzir, por um lado, um certo liberalismo e, por outro, o paternalismo. Ele explica que "as propostas liberal e paternalista coincidem em que pensar sobre as dimensões moral

---

32 Cf. *ibidem*, p. 198.
33 Cf. David Carr, "Virtue and Character in Higher Education", em *British Journal of Educational Studies* 65 (2017), p. 117.

e valorativa da educação não é uma questão que diga respeito ao professor"[34]. Este deveria adotar uma postura moralmente neutra ou tornar-se mero "transmissor" dos valores definidos por determinada comunidade ou instituição (ou, pior ainda, de seus próprios valores pessoais). O problema é que, em ambos os casos, ele abandona sua missão de educador.

O que convém na educação ética é adotar uma postura "dialógica e não didática"[35]. O tipo de diálogo necessário é o que vem aparecendo nos capítulos anteriores quando se fala em educação liberal. Com isso não quero dizer que seja o único modelo válido, mas com certeza pode servir de inspiração. Por exemplo, nos seminários de grandes livros, o professor não é um mero moderador, mas exerce uma função maiêutica, que ajuda o aluno a descobrir os aspectos relevantes dos temas abordados.

Em questões éticas, creio que o professor deve tomar partido, indicando os argumentos que, pelo seu estudo e experiência, lhe pareçam mais justificados e corretos[36]. Por exemplo, em matéria de justiça, não podem ter o mesmo valor o princípio da "lei do mais forte" e o de "dar a cada um o que lhe é devido". Por isso, chama a atenção o fato de haver professores universitários que afirmam não querer "influenciar" as concepções morais dos alunos[37]. Entre outras coisas, essa posição contradiz a ideia de que os alunos já são adultos quando chegam à universidade (e, portanto, capazes de pensar por si sós). Além disso, caberia perguntar: "O que (...)

---

34 David Carr, "Moral Values and the Teacher", p. 207.
35 Elizabeth Kiss e J. Peter Euben, "Debating Moral Education", p. 20.
36 Por isso, não estou plenamente de acordo com o que se propõe no *Shared Inquiry Handbook*, que de resto oferece uma excelente introdução à metodologia dos grandes livros. Cf. *Shared Inquiry Handbook*, The Great Books Foundation, Chicago, 2014.
37 Assim está relatado nos resultados das pesquisas analisadas em Juan Escámez, Rafaela García López e Gonzalo Jover, "Restructuring University Degree Programmes: A New Opportunity for Ethics Education?", em *Journal of Moral Education*, 37 (2008), pp. 41-53.

os alunos podem aprender sobre posições morais de alguém que afirma que, no âmbito do ensino, ele não tem nenhuma [posição][38]?"

O crescente interesse pela ética e pela educação do caráter nas universidades deve-se, em parte, à influência da tradição das artes liberais. O que de principal a universidade pode assimilar dela é a visão do *campus* como uma comunidade de diálogo intelectual[39]. Os programas de grandes livros são uma maneira relativamente fácil de transformar, nesse sentido, a vida de um centro educacional, em razão de tudo o que foi explicado no capítulo anterior.

Ao ler os clássicos, não apenas se aprendem os princípios éticos, mas também a forma de os incorporar pessoalmente[40]. Não faz muito tempo, Edmund Phelps, vencedor do Nobel de Economia, declarou que nosso problema é que há trinta anos "educamos as pessoas para procurar o emprego mais bem pago"[41]. Em vez disso, precisamos de sonhadores capazes de inovar e mudar o *status quo* social e econômico. Para tanto, por mais estranho que pareça, o que Phelps recomenda é justamente que os universitários leiam os grandes nomes da literatura e do pensamento. Não é à toa que ele é professor de Columbia.

---

38 Elizabeth Kiss e J. Peter Euben, "Debating Moral Education", p. 20.

39 Cf. *ibidem*, p. 13.

40 Cf. David Carr, "Four Perspectives on the Value of Literature for Moral and Character Education", em *The Journal of Aesthetic Education* 48 (2014), pp. 1-16; David Carr, "On the Contribution of Literature and the Arts to the Educational Cultivation of Moral Virtue, Feeling and Emotion", em *Journal of Moral Education* 34 (2005), pp. 137-151; Edward Brooks, Emma Cohen de Lara, Álvaro Sánchez-Ostiz e José M. Torralba (orgs.), *Literature and Character Education in Universities. Theory, Method and Text Analysis*, Routledge, Londres/Nova York, 2021.

41 Víctor Amela *et alii*, "Para prosperar a lo grande hay que leer a los grandes. Entrevista a Edmund Phelps", em *La Vanguardia*, 27 de maio de 2017.

6
Nascida do coração da Igreja: universidade e cristianismo

A universidade nasceu historicamente dentro da Igreja, e por longos séculos o cristianismo foi uma de suas principais fontes de vitalidade[1]. Isso não é apenas algo circunstancial. Como escreveu Bento XVI para o seu discurso na Universidade de Roma "La Sapienza", precisamente "no âmbito da fé cristã, no mundo cristão, podia — mais ainda, devia — nascer a universidade", uma vez que os cristãos "não precisavam resolver ou deixar de lado a questão socrática, mas podiam — ainda mais, deveriam — aceitá-la e reconhecer como parte de sua própria identidade a cansativa busca da razão para chegar ao conhecimento da verdade integral"[2]. A necessidade de perguntar pela verdade em todas as suas dimensões explica o surgimento das universidades na Igreja. E, hoje, dar centralidade à busca da verdade continua sendo a principal contribuição do cristianismo para a educação superior — uma contribuição que pode beneficiar todo tipo de instituições, com ou sem identidade religiosa.

---

1 Cf. Juan Luis Lorda, *La vida intelectual en la universidad. Fundamentos, experiencias y libros*, Eunsa, Pamplona, 2019, pp. 53-73.
2 Bento XVI, "Discurso preparado pelo Santo Padre Bento XVI para o encontro com a Universidade de Roma 'La Sapienza'", 17 de janeiro de 2008.

No encontro com os professores universitários do Escorial, Bento XVI disse — fazendo eco a Newman — que "os jovens precisam de professores autênticos; gente aberta à verdade total nos diversos saberes, sabendo ouvir e viver nesse diálogo interdisciplinar; pessoas convencidas, sobretudo, da capacidade humana de avançar no caminho da verdade"[3]. A forma como a verdade é colocada no centro da vida universitária evita tanto o relativismo como as abordagens dogmáticas, que violam a natureza da razão e da ciência[4]. Nos capítulos anteriores, consideramos vários aspectos de uma educação humanista: o sentido em que as humanidades são uma necessidade, a maneira como a educação liberal sobreviveu na contemporaneidade, as características desse tipo de educação, a possibilidade de implementar um programa de grandes livros em contexto institucional napoleônico, bem como a importância da educação para além do cultivo do intelecto, mas tratando também da dimensão ética. Até agora houve aqui e ali referências ao cristianismo, fosse pelos autores citados, fosse em razão da universidade onde trabalho. De todo modo, o que foi exposto pode ser relevante para qualquer educador, independentemente de sua posição pessoal em relação à religião.

Neste capítulo, concentro-me na visão que a Igreja tem atualmente das universidades e, em particular, daquelas instituições que são católicas. Provavelmente será de maior interesse para quem trabalhe numa delas, mas considero que as páginas seguintes completam o livro como um todo — e não só porque a Igreja esteve na

---

3 *Idem*, "Discurso no encontro com os jovens professores universitários", Basílica de San Lorenzo de El Escorial, 19 de agosto de 2011.
4 Cf. Alejandro Llano, *Repensar la Universidad. La Universidad ante lo nuevo*, Ediciones Internacionales Universitarias, Barcelona, 2003.

origem das universidades e, por isso, contribui para que compreendamos melhor as suas raízes. Veremos também que os ideais educacionais cristãos convergem com os da educação liberal. Não é de surpreender. No fim das contas, trata-se de *educar* — sem mais —, e as diversas formas históricas que levam a adjetivar essa tarefa nunca deveriam camuflar seu fundo comum.

João Paulo II escreveu *Ex corde Ecclesiae* em 1990, um belo documento que continua a ser a referência indispensável no mundo católico quanto se trata da missão da universidade[5]. O que proponho nestas páginas é analisá-lo para melhor compreender o que afirma o seu §14: "Numa Universidade Católica, (...) os ideais, as atitudes e os princípios católicos penetram e configuram as atividades universitárias segundo a natureza e a autonomia próprias de tais atividades. Numa palavra, sendo ao mesmo tempo Universidade e Católica, ela deve ser simultaneamente uma comunidade de estudiosos, que representam diversos campos do saber humano, e uma instituição acadêmica na qual o catolicismo está presente de maneira vital." Para isso, tratarei da dupla identidade característica de toda universidade católica, ou seja, de sua natureza como instituição universitária e como instituição de ideário religioso.

Como teremos ocasião de mostrar, esta dupla identidade não deve conduzir nem a uma visão dualista, qual se tratasse de dois elementos justapostos, nem a uma concepção em que um dos dois esteja subordinado ao outro (o universitário ao católico, ou vice-versa), como se uma relação extrínseca entre eles fosse possível. Na verdade, o que temos são dois lados da mesma moeda.

---

5 João Paulo II, Constituição apostólica *Ex corde Ecclesiae* sobre as universidades católicas, 15 de agosto de 1990.

Por um lado, ser católica deve contribuir para que a universidade seja ainda mais e melhor uma universidade, pois reforça a sua missão de buscar a verdade e servir a pessoa; por outro, todo trabalho universitário autêntico inclui a reflexão sobre os porquês últimos da pessoa e do mundo, entre os quais está Deus.

Procederei da seguinte forma. Na primeira seção, farei referência, brevemente, à origem da reflexão sobre a identidade das universidades católicas — a qual, não por acaso, se situa em meados do século passado, nos Estados Unidos. Em seguida, apresentarei dois modos de conceber a identidade de uma instituição: o funcionalista e o interpretativo. Terminarei analisando, em duas seções, a forma como a dupla identidade da universidade católica é apresentada na *Ex corde Ecclesiae*, bem como o caminho para integrar ambas as dimensões.

Utilizarei de modo equivalente as denominações "universidade católica", "universidade de inspiração cristã" e "universidade de ideário católico ou cristão", algumas das quais são empregadas no próprio documento (cf. §7)[6]. Por outro lado, usarei também "cristianismo" e "catolicismo" como intercambiáveis (isto até agora é habitual na Espanha), entendendo que o que aqui se expõe é feito a partir de uma perspectiva católica (embora a maior parte possa se aplicar a universidades de outras denominações cristãs).

---

6 Sigo as precisões feitas em Juan Manuel Mora, "Universidades de inspiración cristiana: identidad, cultura, comunicación", em *Romana* XXVIII (2012), p. 196. Há universidades que recebem oficialmente o nome de "católicas", com as implicações jurídicas correspondentes. A estas se dirige diretamente o documento papal. Além disso, há outros tipos de universidades que também têm ideário católico, mas não dependem da hierarquia eclesiástica nem usam esse nome oficialmente. Estas últimas costumam ser chamadas de "universidades de inspiração cristã". Logicamente, é também para elas o documento. Em *L'Université Catholique dans le monde moderne. Document final du 2ème Congrès des Délégués des Universités Catholiques* (20-29 de novembro de 1972), faz-se referência a este último tipo de universidades, das quais se diz: *"Elles maintiennent les caractéristiques essentielles de toute université catholique"* (n. 15). Essas características foram literalmente recolhidas na *Ex corde Ecclesiae*, §13.

A multiversidade e as universidades de inspiração cristã

A reflexão sobre a identidade das universidades católicas é recente. Origina-se quando alguns católicos nos Estados Unidos começam a perceber sua religiosidade como um problema a ser destacado nos campos social, cultural e acadêmico. Como bem explicou Gleason[7], um dos gatilhos consistiu no artigo de John Tracy Ellis intitulado "American Catholics and the Intellectual Life" e publicado em 1955[8]. Em particular, as universidades católicas foram acusadas de não ser capazes de competir com as grandes universidades de pesquisa. Estas, embora majoritariamente de origem protestante, tinham abandonado, no início do século XX, a sua filiação religiosa (ao menos formalmente). Não será aqui que analisaremos os debates que o artigo provocou; tampouco nos deteremos nas características do catolicismo americano daqueles anos[9]. O interessante é notar que, nas últimas décadas, esse mesmo debate inverteu seus termos: o que muitos religiosos agora criticam é que os centros educacionais católicos tomaram como referência o modelo institucional das universidades de pesquisa, ou seja, a "multiversidade". E, ao fazê-lo, perderam algo do que lhes era próprio e característico[10]. Ao contrário do que inicialmente poderia parecer, o problema do alinhamento de algumas universidades católicas ao

---

7 Cf. Philip Gleason, "What Made Catholic Identity a Problem?", em Theodore M. Hesburgh (org.), *The Challenge and Promise of a Catholic University*, University of Notre Dame Press, Notre Dame, 1994, pp. 91-102.

8 John Tracy Ellis, "American Catholics and the Intellectual Life", em *Thought* 30 (1955), pp. 351-388.

9 Cf. Philip Gleason, *Contending with Modernity. Catholic Higher Education in the Twentieth Century*, Oxford University Press, Nova York, 1995.

10 Cf. Ricardo Calleja, "Father Hesburgh y los dilemas de la 'gran universidad católica'", em *Nueva revista*, 7 de novembro de 2019.

modelo dominante não reside tanto na perda da sua identidade religiosa como nos prejuízos causados à missão que têm como instituições educacionais.

Nos últimos cinquenta anos, o modo de considerar a natureza das universidades católicas tem sido definido por seu contraste com os centros sem filiação religiosa. Por isso é particularmente útil a perspectiva da dupla identidade que aparece na *Ex corde Ecclesiae*: trata--se de instituições católicas e instituições universitárias. Como se explicará, estes não são dois elementos opostos ou incompatíveis, mas diferenciados, a ponto de não ser evidente (nem, às vezes, pacífico) determinar como devem se conjugar[11].

Modelo funcionalista e interpretativo da identidade institucional

A identidade é um dos conceitos básicos para entendermos a realidade. Identidade e diferença são categorias fundamentais do pensamento. Normalmente, nós conhecemos distinguindo e, portanto, definindo e identificando. A identidade é a resposta dada à pergunta sobre o que ou quem sou. No entanto, esta noção tem diferentes significados consoante se refira a pessoas ou instituições.

A identidade pessoal é, em última análise, definida por algo interno: sua natureza. As pessoas têm uma identidade humana porque essa é a sua forma de ser, ou sua essência. Por outro lado, a identidade das instituições — salvo alguns casos — depende de um elemento artificial: a finalidade para a qual surgem e, consequentemente, o

---

11 Sobre a tensão entre ambos e a relação entre teologia e pluralismo, cf. Paul O'Callaghan, "El papel de la teología en la promoción de una universidad liberal y pluralista", em *Documentos Core Curriculum* 4 (2018), pp. 6-8.

Nascida do coração da Igreja: universidade e cristianismo

bem que pretendem alcançar (pensemos, por exemplo, na instituição do comércio). Finalidades assim podem variar e até desaparecer ao longo da história. No caso da instituição universitária, pode-se traçar com alguma precisão a sua origem histórica, bem como a evolução das suas finalidades (para o bem ou para o mal)[12].

A questão que nos interessa considerar aqui é a forma como determinada instituição define e transmite a própria identidade. Poder-se-ia dizer que são as instâncias de governo que têm a responsabilidade[13]. Porém, não basta a existência de uma estrutura, pois o que é decisivo para uma instituição é a vida das pessoas que a compõem. Por isso, o governo de uma instituição deve ser capaz de integrar seus membros num projeto comum. Nos estudos contemporâneos sobre a identidade nas organizações, tem-se apontado que a identidade pessoal é fundamentalmente estável, enquanto a das organizações é muito mais fluida[14]. Existem vários modelos para analisar a identidade corporativa. Aqui é interessante destacar dois: o funcionalista e o interpretativo[15]. O modelo funcionalista considera que a identidade é, antes de tudo, uma propriedade que a organização "possui". Um observador poderia verificá-la e expressá-la em termos objetivos. Segundo essa perspectiva, a identidade dependeria sobretudo da estrutura, dos princípios e das normas. Por assim dizer, bastaria ler seus estatutos para

---

12 Cf. Hanna H. Gray, *Searching for Utopia*, pp. 31-60.
13 Cf. Ana Marta González, "La identidad de la institución universitaria", em *Aceprensa*, 1º de dezembro de 2010, p. 3.
14 Cf. Denis A. Gioia, "From Individual to Organizational Identity", em D. A. Whetten e P. C. Godfrey (orgs.), *Identitity in Organizations. Building Theory Through Conversations*, Sage Publications, Thousand Oaks, CA, 1998, p. 22. Não é necessário considerar agora a distinção entre organização e instituição. Para o que aqui interessa, podem ser consideradas equivalentes.
15 Cf. Denis A. Gioia, "From Individual to Organizational Identity", pp. 26-30. O terceiro modelo é o pós-moderno, segundo o qual a própria noção de identidade é ilusória, já que a realidade (tanto pessoal como institucional) seria fragmentária e carente de sentido próprio.

entendê-la. E, caso a realidade da instituição não corresponda a eles, a lógica funcionalista levaria à busca dos procedimentos e normas mais adequados para reverter a situação. A identidade aqui constituiria algo externo às pessoas que compõem a instituição. O decisivo seriam os aspectos objetivos.

Por sua vez, o modelo interpretativo considera que a identidade tem um caráter fundamentalmente simbólico, configurado pelo significado que os membros da instituição atribuem às suas atividades. Por isso, a forma mais adequada de acessá-la é narrativamente, ou seja, não por meio de formulações abstratas e objetivas, mas concretas e subjetivas. Aqui a ênfase recai sobre o sentido e significado que os membros de uma instituição conferem ou encontram em suas ações. Nessa perspectiva, decisivo seriam os aspectos subjetivos.

Referindo-se especificamente às universidades, Juan Manuel Mora tem defendido que "a identidade de uma instituição depende sobretudo das pessoas que a compõem. As universidades de inspiração cristã não são estruturas, mas instituições animadas por católicos que fazem o seu trabalho de forma coerente com a sua fé"[16]. Portanto, para configurar e manter a identidade de uma instituição será necessário, em primeiro lugar, que as pessoas formem uma comunidade na qual seja possível discutir o significado da tarefa que todos compartilham e, em segundo lugar, que cada pessoa torne própria a finalidade da instituição, ou seja, que decida livremente adotá-la como uma de suas finalidades[17].

---

16 Juan Manuel Mora, "Universidades de inspiración cristiana: identidad, cultura, comunicación", p. 204.

17 Numa universidade de ideário católico cabem todas as pessoas, mesmo que não sejam católicas, nem sequer crentes, desde que reconheçam e respeitem sua identidade. A experiência demonstra que também os que não creem podem tornar seus os valores cristãos e contribuir para a missão específica da instituição.

A *dupla identidade da universidade católica*

Como já se disse, a *Ex corde Ecclesiae* fala de uma dupla identidade. Por um lado, afirma que "a Universidade Católica, *como Universidade*, é uma comunidade acadêmica que, de forma rigorosa e crítica, contribui para a proteção e desenvolvimento da dignidade humana e do patrimônio cultural"[18] por meio da pesquisa, do ensino e dos diversos serviços que presta. E, por outro lado, afirma que, *como católica*, seu objetivo é "garantir institucionalmente uma presença cristã no mundo universitário diante dos grandes problemas da sociedade e da cultura"[19].

Sobre a relação entre fé e cultura, João Paulo II repetiu em várias ocasiões esta fórmula que se tornou famosa: "Uma fé que não se torna cultura é uma fé que não é plenamente acolhida, não é plenamente pensada e fielmente vivida[20]." As universidades têm uma função de primeira ordem neste "fazer cultura da fé"[21]. Isso não significa que essa tarefa só possa ser realizada por essas universidades ou que todos os católicos deveriam estudar ou trabalhar nelas. Por exemplo, professores católicos de universidades públicas podem colocar em prática esses mesmos ideais.

Sempre foi do meu agrado pensar que o pluralismo social é fortalecido pelo pluralismo institucional. No caso do ensino superior, ter um sistema que inclua universidades públicas e privadas, com ou sem uma ideologia específica, religiosa ou não, ajuda todas as vozes a encontrarem seu espaço na sociedade. Além disso,

---

18 João Paulo II, *Ex corde Ecclesiae*, §12.
19 *Ibidem*, §13.
20 *Idem, Discurso de fundação do Pontifício Conselho para a Cultura*, 1982.
21 Cf. José Luis Illanes, "Teología y ciencias en una visión cristiana de la universidad", em *Scripta theologica* 14 (1982/3), p. 883.

uma vez que os cristãos estão se tornando uma nova minoria, as universidades católicas passaram a oferecer uma contribuição ainda mais valiosa e necessária[22]. De qualquer forma, acredito que nesta situação deve-se evitar que se tornem um "gueto" ou um local de refúgio. É conveniente que mantenham o desejo de colaborar com o resto das instituições. O cristianismo é profundamente humano e, portanto, capaz de se relacionar, dialogar e trabalhar com todos.

A tarefa específica de uma universidade de inspiração cristã consiste em "unificar existencialmente" a "busca da verdade" e a certeza de "já conhecer a fonte da verdade"[23]. Esta última, que pode parecer chocante, refere-se ao fato de que existem duas ordens de realidade: a natural e a sobrenatural. Embora cada qual conserve sua própria condição, é preciso entender que relação existe entre elas. Para um fiel, o principal obstáculo nesta empreitada é o fideísmo, porque a razão humana não pode prescindir de pensar e tentar compreender o Altíssimo: Deus. Além disso, o cristão nunca deve se contentar com o dom sobrenatural da fé, esquivando-se do esforço por se aprofundar na razoabilidade da própria crença. É a mesma pessoa que acredita e que sabe. Esta dupla exigência é mais premente no caso dos intelectuais, pois — como diz Alejandro Llano — não se deve brincar de esconde-esconde consigo mesmo. Se você é alguém que crê, não pode ignorá-lo. Outra coisa é o uso que se faz da verdade que assim se conhece, "porque a

---

22 Recentemente, surgiu na Espanha um interessante debate sobre a presença do cristianismo na sociedade. O diagnóstico indicava que — por mais estranho que pareça num país como o nosso — eram poucas as pessoas que atualmente contribuíam com a perspectiva cristã nos debates intelectuais, sociais e políticos, dominados por outras posturas e abordagens. Cf. o artigo "¿Dónde están los intelectuales cristianos?", em *Nuestro tiempo* 710 (2021), pp. 72-76.

23 João Paulo II, *Ex corde Ecclesiae*, §1; Cf. também §30.

fecundidade da filosofia, mesmo para a fé, vem do fato de que não é fé, mas a razão"[24].

As universidades de inspiração cristã assumem "a causa da verdade"[25], que consiste em não reduzir a busca do conhecimento ao que é útil, mas em *proclamar o significado da verdade,* valor fundamental sem o qual desaparecem a liberdade, a justiça e a dignidade do homem"[26]. Por isso, não é difícil compreender que essas universidades devem ser movidas por uma "espécie de humanismo universal", para se dedicarem "inteiramente à busca de todos os aspectos da verdade em suas relações essenciais com a Verdade suprema, que é Deus"[27]. Por um lado, enquanto universidades, estão orientadas para a procura de *todos* os aspectos da verdade (e não apenas os úteis); e, como católicas, tratam das relações de todos esses aspectos com a Verdade, que na tradição é um dos nomes de Deus. Sem a pergunta sobre Deus, a universidade fica incompleta. A resposta que for dada estará aberta ao que for descoberto na pesquisa, mas o que não se deve fazer é ignorá-la ou eliminá-la. Seria estranha uma universidade católica em que a oferta de estudos, atividades e programas de pesquisa não diferisse em nada das demais[28]. O distintivo ou específico estaria faltando. Também não seria lógico que a

---

24 Alejandro Llano, *Caminos de la filosofía*, 2011, p. 76.

25 João Paulo II, *Ex corde Ecclesiae*, §4. Não é difícil perceber no transfundo a ideia newmaniana de que a verdade não pode ser contrária à verdade.

26 *Ibidem*, §4.

27 *Ibidem*.

28 Assim explica D'Souza: "If the epistemological questions in a Catholic university are no different from those of a secular university, then its mission is open to question. And secondly, if the questions of curricular coherence, independence, and interdependence of a Catholic university are no different from those of a secular university, then its mission is open to question" (Mario O. D'Souza, "*Ex corde Ecclesiae*, Culture and the Catholic University", em *Journal of Catholic Education* 6 [2002], p. 230). Nesta mesma linha situa-se a proposta feita em María Lacalle, *En busca de la unidad del saber. Una propuesta para renovar las disciplinas universitarias*, Editorial Universidad Francisco de Vitoria, Madri, 2018. Ou, ainda, o que se argumenta em Guillermo Gómez-Ferrar Lozano, *La inteligencia religiosa. El sentido de la educación*, PPC, Madri, 2019.

fé permanecesse *restrita* ao âmbito privado da prática religiosa e às atividades de capelania[29]. Ao mesmo tempo, o que é católico não deve tornar-se algo "ideológico", isto é, algo que se assume não porque se considere verdadeiro (ou porque ajuda a encontrar respostas a questões fundamentais), mas *simplesmente* porque é a opção intelectual escolhida pela instituição.

A tensão própria de tudo o que é vivo

Voltando à ideia de que as universidades de inspiração cristã têm dupla identidade, distinguiremos três modelos de relacionamento entre elas. Em primeiro lugar, o *dualista*, em que o cristão e a universidade são elementos estranhos um ao outro e só seria possível estabelecer, entre ambos, uma relação extrínseca, de justaposição. Por exemplo, a universidade como instituição que oferece um produto (títulos acadêmicos) e também alberga serviços religiosos. Esse tipo de relacionamento também poderia ser encontrado numa empresa de cruzeiros no Mediterrâneo. Em segundo lugar, o modelo de *subordinação* de uma identidade à outra. Poderia acontecer que a universitária ficasse subordinada à católica, como se a primeira fosse algo circunstancial e acidental em relação à segunda; ou vice-versa: caso em que o ensino permanece *instrumentalizado* com a finalidade de evangelizar ou, ao contrário, o ideário religioso se torna um obstáculo ao sucesso econômico ou acadêmico. Por fim, em terceiro lugar, estaria o modelo de *integração*. Pelo que foi explicado até agora, parece claro que na *Ex corde Ecclesiae* se aposta nisso, a fim de que o universitário

---

29 Cf. José Ramón Villar, "Transmisión de la fe y universidad", em *Scripta theologica* 33 (2001), p. 190.

e o católico se fecundem mutuamente. A integração é possível porque a natureza de ambas as identidades é a mesma: a questão da verdade.

Ora, a integração das duas identidades não é algo "dado" ou pressuposto. Trata-se de uma tarefa que cada pessoa e instituição deve realizar por si. Precisamente porque a unidade existencial entre razão e fé é algo vivo, histórico, não pode ser alcançada de uma vez por todas, mas é sempre encontrada *in fieri*. Por isso pode-se dizer que existe certa "tensão" entre ambas as identidades[30]. Esta tensão não deve ser entendida de forma negativa, mas como a tensão característica de tudo o que é vivo. O vivente já goza de uma identidade definida (isto é, um modo de ser), mas ainda não tem de modo *completo* (no sentido de acabado) aquilo que é chamado a ser.

Do ponto de vista institucional, convém cuidar do que poderíamos chamar de "aspectos funcionalistas" da identidade. Assim o faz a própria *Ex corde Ecclesiae* em sua segunda parte, estabelecendo uma série de regras gerais; e também pode fazê-lo cada universidade, com seus estatutos ou ideários[31]. Esses aspectos objetivos delineiam uma estrutura que oferece referências e princípios. De qualquer forma, como se explicou, o que é decisivo é a vida das pessoas que compõem a instituição.

Os avanços científicos e tecnológicos permitiram grande desenvolvimento econômico e social nas últimas décadas. Ao mesmo tempo, a "busca de sentido" é mais

---

30 "No final do raciocínio [de J. Ratzinger sobre a relação entre fé e razão], encontramos esta palavra: *tensão*. Não nos deve parecer estranho que a tentativa de ser plenamente universitário e plenamente cristão seja uma questão difícil, que só pode ser resolvida no âmbito da própria consciência, por meio de um crescimento dessas duas dimensões: o amadurecimento cristão e o amadurecimento profissional" (Juan Manuel Mora, "Universidades de inspiración cristiana: identidad, cultura, comunicación", p. 200).

31 Cf. João Paulo II, *Ex corde Ecclesiae*, §26.

Uma educação liberal: elogio dos grandes livros

urgente do que nunca para que este desenvolvimento se oriente para o "autêntico bem de cada pessoa e de toda a sociedade humana"[32]. Neste ponto, a *Ex corde Ecclesiae* acrescenta algo que é chave para o nosso tema: "Se é responsabilidade de cada Universidade procurar este sentido, a Universidade Católica é chamada de modo especial a responder a esta exigência; a sua inspiração cristã permite-lhe incluir na sua busca a dimensão moral, espiritual e religiosa, e valorizar as conquistas da ciência e da técnica na perspectiva total da pessoa humana"[33]. Já se disse que esta é uma "vantagem" das universidades de inspiração cristã[34]. Embora este tipo de reflexões e preocupações éticas sejam algo característico de toda universidade autêntica, os católicos deveriam vê-lo como uma obrigação prioritária.

Como cumpri-la? Provavelmente, uma das maneiras mais eficazes é por meio da elaboração do plano de estudos. Em pouquíssimas palavras, pode-se dizer que, de acordo com a *Ex corde Ecclesiae*, qualquer curso deve incluir: (a) conteúdos transversais para a integração dos diversos saberes e o diálogo fé-razão, ou seja, o que nos capítulos anteriores se chamou *core curriculum*[35]; (b) disciplinas dedicadas aos pressupostos e implicações das disciplinas próprias do curso, como ética profissional ou história da matéria[36]; e (c) matérias teológicas[37]. Além disso, é fundamental que o plano de estudos tenha uma abordagem unitária, para que não constitua uma mera agregação de disciplinas.

---

32 *Ibidem*, §7.
33 *Ibidem*.
34 Cf. Ralph McInerny, "The Advantages of a Catholic University", em Theodore. M. Hesburgh, (ed.), *The Challenge and Promise of a Catholic University*, pp. 175-186.
35 Cf. João Paulo II, *Ex corde Ecclesiae*, §16-17.
36 Cf. *ibidem*, §18.
37 Cf. *ibidem*, *Ex corde Ecclesiae*, §19.

Já se explicou que as duas identidades respondem ao duplo nível de conhecimento (natural e sobrenatural) da verdade, e não ao fato de existir uma "dupla verdade". Se Deus criou o mundo, toda a realidade, em última análise, refere-se a ele. Esta tese, de natureza teológica (da teologia natural, ao menos), é o que garante a possibilidade de integrarmos ambas as identidades. Trata-se de recuperar o ideal de sabedoria: determinar o lugar que corresponde a cada campo do conhecimento, bem como sua relação com os demais. Atualmente, esta tarefa envolve a descoberta dos limites e pressupostos de cada campo científico juntamente com os vários sentidos de verdade e objetividade que lhe correspondem. Nos últimos anos, foram propostos para a própria atividade da razão alguns adjetivos — "razão responsável"[38] e "razão aberta"[39] — que exprimem bem o perigo a ser evitado: uma racionalidade meramente instrumental ou positivista, fechada à questão do sentido.

A filosofia e a teologia cumprem aqui uma função insubstituível, uma vez que se situam no nível da reflexão sobre os pressupostos básicos de cada ciência: o que é a matéria, a pessoa humana ou a liberdade; qual é a origem do universo, o significado da história ou a natureza de Deus[40]. Em todo caso, a filosofia e a teologia não devem considerar que têm uma tarefa diretiva à qual as outras formas de conhecimento estão subordinadas. Tampouco cabe à teologia entender sua relação com a filosofia como um "limite", no sentido de que a

---

38 Cf. Luis Romera, "La razón responsable y la Universidad: el lugar de la Teología", em *Documentos Core Curriculum* 17 (2020).

39 Cf. Marcos Cantos, *Razón abierta. La idea de universidad en J. Ratzinger / Benedicto XVI*, Universidad Francisco de Vitoria/BAC, Madri, 2015.

40 Cf. Lluís Clavell, *Razón y fe en la universidad: ¿oposición o colaboración?*, CEU Ediciones, Barcelona, 2010; "Para superar la fragmentación del saber", em Tomás Trigo (ed.), *Dar razón de la esperanza*, Pamplona, 2004, pp. 1149-1160.

única coisa decisiva fosse o fato de ela chegar ali onde a filosofia não chega. O modelo mais adequado seria o da circularidade entre razão e fé[41]. Essa circularidade tem seu correlato no lugar que corresponde às faculdades de teologia dentro das universidades. Elas não podem ser apenas uma faculdade entre outras, nem devem se tornar o lugar ao qual fica relegada ou restrita a reflexão sobre Deus. É necessário um diálogo constante entre a teologia e os outros saberes, entre os teólogos e todos os professores[42].

Por fim, é crucial o modo como se cultiva a teologia. Como explica Illanes, "não se trata de uma ciência histórica, mas filosófica ou teórica. (...) Nela, na palavra divina, revela-se o sentido último e radical das coisas, a verdade suprema do homem e do mundo. É desta verdade que fala a teologia[43]." A teologia não se limita a coletar dados, expor princípios ou interpretar textos. Sua missão mais característica, e hoje necessária, consiste em tornar acessível a todos o reino do sobrenatural, que não é algo "de outro mundo", mas uma luz capaz de iluminar este universo em que vivemos.

---

41 Cf. João Paulo II, *Fides et ratio*, n. 73ss.
42 Cf. José Ramón Villar, "Transmisión de la fe y universidad", p. 190.
43 José Luis Illanes, "Teología y ciencias en una visión cristiana de la universidad", p. 880.

7
A universidade como comunidade intelectual

No capítulo anterior, expôs-se a visão cristã da universidade, ao menos como aparece na *Ex corde Ecclesiae*. É relevante que, no contexto atual, as universidades de inspiração cristã continuem a organizar seu ensino em torno de uma tradição. Isso não significa, como é evidente, que só ensinem o que se relaciona com o cristianismo ou que tudo seja imediatamente julgado por sua maior ou menor conformidade com ele. Na realidade, o que acontece é que a tradição oferece um quadro de referência a partir do qual se pode ingressar no caminho do conhecimento.

Nos Estados Unidos, onde inicialmente as universidades tinham afiliação religiosa (protestante), iniciou-se no final do século XIX um processo de secularização pelo qual muitas instituições, especialmente as mais prestigiosas, abandonaram esse ideário. Como explicou MacIntyre, essa seria uma das razões pelas quais na universidade contemporânea (ou "liberal", como ele a chama) a pergunta pela verdade nas questões sobre Deus geralmente foi excluída[1]. Considera-se que o que diz respeito à religião é assunto privado ou pertencente

---

1 Cf. Alasdair MacIntyre, *Three Rival Versions of Moral Enquiry. Encyclopaedia, Genealogy, and Tradition*, p. 217.

a um campo extracientífico, alheio à missão universitária. O processo de secularização provocou a perda do arcabouço intelectual que havia facilitado até então a integração do conhecimento. Em geral, o que desapareceu não foi substituído por algo que cumprisse a mesma função. Por isso, atualmente, a existência de universidades com identidade cristã pode ter um efeito benéfico para toda a comunidade acadêmica: promover a reflexão sobre as tradições a partir das quais cada instituição, disciplina ou professor desenvolve sua tarefa. Nesse sentido, seria uma feliz ironia do destino que, depois de tantos séculos, o cristianismo ajudasse a universidade a recuperar aspectos essenciais de sua missão.

Universidades como lugares de desacordo obrigatório

Do ponto de vista das tradições intelectuais, Alasdair MacIntyre fez importantes contribuições para a análise da educação e da instituição universitária na sociedade contemporânea[2]. Farei referência a apenas uma delas. Em seu livro *Três versões rivais da ética: genealogia, enciclopédia e tradição*, ele faz uma proposta original para recuperar o ideal de unidade do saber nas universidades. O que busca MacIntyre é superar a falácia da neutralidade, a fim de que, em cada instituição, se tornem evidentes os diversos pressupostos a partir dos quais os ensinamentos são propostos. Para isso, defende transformar as universidades em locais de "desacordo obrigatório" (*constrained disagreement*), onde se "imponha"

---

2 Cf. José Manuel Giménez Amaya e Sergio Sánchez-Migallón, *Diagnóstico de la Universidad en Alasdair MacIntyre*, Pamplona, EUNSA, 2011; José Manuel Giménez-Amaya, *La Universidad en el proyecto sapiencial de Alasdair Macintyre*, Eunsa, Pamplona, 2020.

A universidade como comunidade intelectual

a participação no conflito entre as diferentes tradições[3]. Esse conflito se dá, de modo específico, entre os critérios de justificação racional.

A rigor, só a partir da própria tradição, assumida consciente e criticamente, é que se podem compreender os princípios de outras tradições e expressar acordo ou desacordo com eles de forma fundamentada, e não apenas por causa de preferências subjetivas ou preconceitos ideológicos[4]. Mas, como não é mais possível — pelo menos na maioria dos casos — que as instituições cultivem certa tradição intelectual, o que McIntyre propõe é que se torne visível o desacordo entre as diferentes formas de justificação racional. Isso, por sua vez, permitir-nos-ia descobrir as "grandes áreas de acordo, sem as quais o próprio conflito e o próprio desacordo seriam necessariamente estéreis"[5]. De modo particular, "embora nenhum texto possa ser lido sem que surjam possibilidades rivais de interpretação, e embora nenhum texto possa ser ensinado sem que certas possibilidades interpretativas sejam favorecidas em detrimento de outras, não se segue e não é verdade que os alunos não possam aprender a ler escrupulosamente e com cuidado, a fim de que se apropriem de um texto da forma que lhes permita chegar a diferentes juízos interpretativos"[6]. Para esta tarefa educacional básica, deve haver uma comunidade intelectual que tenha objetivos comuns, e é por isso que MacIntyre insiste tanto — e com razão — na necessidade de fortalecer a dimensão institucional das universidades[7].

---

3 Em seu livro, MacIntyre refere-se a três grandes tradições: a tomista (ou cristã), a enciclopédica (ou iluminista) e a genealogista (ou pós-moderna).

4 Cf. Alasdair MacIntyre, *Three Rival Versions of Moral Enquiry*, p. 230ss.

5 Alasdair MacIntyre, *Tres versiones rivales de la ética. Enciclopedia, genealogía y tradición*, Rialp, Madri, 1992, p. 285.

6 Alasdair MacIntyre, *Tres versiones rivales de la ética*, p. 285

7 Cf. *ibidem*, p. 222.

A atomização do conhecimento seria um reflexo do individualismo vigente.

Em trabalhos mais recentes, MacIntyre mostra-se pessimista e não parece mais acreditar na viabilidade de sua proposta inicial. Ele não a considera possível no modelo dominante de universidades de pesquisa[8]. O autor tem razões bem fundamentadas, também baseadas em sua experiência pessoal[9]. É claro: num modelo de "multiversidade" não há lugar para tal coisa. No entanto, eu gostaria de poder ser mais otimista. Pelo que tentei explicar especialmente no segundo e quarto capítulos, acredito que não há oposição intransponível entre os ideais da educação liberal e as universidades de pesquisa. É possível oferecer uma educação humanística nestes tipos de instituições. Seria assaz interessante colocar em prática a proposta original de MacIntyre — pelo menos para ver o que acontece. Naturalmente, existem inúmeros professores que o fazem em suas disciplinas, mas essa proposta refere-se ao nível institucional. O que se requer é uma comunidade de pessoas capaz de definir a meta educacional a que todos se dirijam e as formas concretas de realizá-la.

Estruturas e pessoas

Em certa ocasião, ao visitar o *site* de um professor universitário, chamou-me a atenção que, além de listar suas publicações e realizações acadêmicas, ele se definia como um orgulhoso educador (*educationalist*). Explicava que a pesquisa era tão importante para ele quanto o

---

8 Cf. *idem*, *God, Philosophy, Universities*, p. 179.
9 Cf. *idem*, "The End of Education: The Fragmentation of the American University", em *Commonweal* 133/18, 20 de outubro de 2006, pp. 10-14.

A universidade como comunidade intelectual

ensino. Na verdade, isso não deveria ter me surpreendido, porque ser educador é uma das profissões mais nobres que há. Atrevo-me a dizer que se equipara ao ministério religioso, uma vez que os educadores também nos consideramos servidores da verdade e os jovens confiam a sua alma aos nossos cuidados, ao menos algumas horas por semana. A responsabilidade é grande. Pode-se dizer que entrar na sala de aula é como entrar no templo do conhecimento, onde o tempo para. Talvez isso explique por que muitas vezes temos de nos esforçar para terminar as aulas no horário.

São cada vez mais os que afirmam que a instituição universitária falhou ou está a caminho da autodestruição. Seja na burocratização implacável, no crescente mercantilismo ou na forma como o sucesso (em forma de *rankings* e fatores de impacto) vem substituindo o desejo genuíno de saber, a verdade é que o pessimismo tomou conta do meio acadêmico. Não nego as tristes verdades por trás dessa posição, mas sempre pensei que atitudes de autopiedade não nos levam muito longe. A crítica é uma atitude confortável, mas não convém se acomodar nela. Além disso, pode-se dizer que "tão mal, tão mal, não estamos", especialmente considerando as circunstâncias. Basta pensar nos muitos professores comprometidos com seu trabalho e nos muitos alunos que continuam a encontrar inspiração intelectual em sala de aula.

Talvez o erro esteja em ter acreditado que o mais importante são as estruturas e as instituições, e não as pessoas. Num discurso no início do ano acadêmico, o reitor Llano dizia: "Confiamos quase tudo às estruturas e intercâmbios, às organizações e influências, sem nos apercebermos que tais configurações acabam por ser (...) escleróticas quando não lançam suas raízes nas solidariedades primárias, nesses grupos emergentes de pessoas que livremente se reúnem para saber mais e trabalhar melhor[10]." As pessoas são sempre a chave.

Não se trata de ser ingênuo. Em qualquer grupo social — incluindo o universitário —, frequentemente instala-se a lógica do poder e dominação de uns sobre os outros. No entanto, a universidade é precisamente um espaço em que se pode esperar que a única moeda válida seja a verdade. Além disso, se as novas gerações assim o aprenderem, esta dinâmica poderá ter uma influência positiva na sociedade, tão dominada por interesses ideológicos e econômicos. O mesmo discurso reitoral que acabamos de citar explicava: "A substância mesma da Universidade consiste na convicção de que o amor à verdade é mais fecundo do que o desejo de poder. Pois, enquanto o desejo de dominação é sempre individualista, a paixão pela verdade é radicalmente solidária. (...) A Universidade é uma escola de solidariedade[11]." Ao longo destas páginas foi possível verificar que a universidade é uma instituição capaz de mudar — decerto, tanto para melhor quanto para pior. A questão está em saber se o decisivo nessas mudanças são as pessoas ou as estruturas e se os belos ideais detêm algum poder contra a dinâmica tecnocrática. Nesses debates, muitas vezes parece que os novos tempos sempre trazem, por definição, algo negativo. Surge assim uma nostalgia das formas passadas que não é suficientemente justificada. Renovar-se não implica —inevitavelmente — perder a própria identidade. As instituições são entidades vivas que gozam de boa saúde quando capazes de se adaptar a novas circunstâncias. O segredo está em que não

---

10 Alejandro Llano, *Discursos en la universidad*, Universidade de Navarra, Pamplona 2001, p. 17.
11 Alejandro Llano, *Discursos en la universidad*, p. 18.

A universidade como comunidade intelectual

seja uma adaptação meramente pragmática, em busca de sobrevivência, mas o resultado de uma reflexão sobre sua própria identidade como instituição. A universidade deve ser capaz de traçar seu próprio caminho na sociedade, sem ficar à mercê daquilo que os outros decidem a respeito dela. Para isso, contudo, primeiro é preciso que os professores nos reunamos e conversemos mais. Precisamos de mais reflexões como a de Ortega em sua *Missão da universidade*. Embora quase cem anos tenham se passado, este é ainda um texto lúcido, que põe o dedo na ferida de muitos dos males que nos afligem. Como solução, lança uma proposta corajosa e inovadora: criar uma "Faculdade de Cultura", ou seja, um *core curriculum*. Talvez tenha chegado o momento de aceitarmos esse desafio.

Conclusão

Dez princípios da educação humanista

Para concluir, atrevo-me a propor dez princípios da educação humanista. Eles recolhem as ideias que foram aparecendo ao longo do livro. Não se trata de um resumo, mas de alguns pontos que julguei oportuno destacar.

1. As humanidades como cultura

Com a palavra "humanidades" podemos referir-nos tanto a um conjunto de disciplinas acadêmicas (filosofia, literatura, história) como à cultura de que uma pessoa necessita para levar uma vida genuinamente humana. Embora ambos os sentidos estejam intimamente relacionados, numa educação humanista o decisivo é o segundo. Ortega y Gasset definiu a cultura como o sistema de ideias com base nas quais um tempo vive. Por isso é tão necessária. Quando as humanidades são entendidas como formação especializada e disciplinar, cumprem uma função valiosa: o desenvolvimento da ciência e a formação em nível avançado. Mas o conhecimento humanístico também tem um lugar específico na educação de todas as pessoas: contribui para o seu cultivo intelectual. Noutras palavras, a educação humanista caracteriza-se por não se limitar ao conhecimento abstrato daquilo que estuda: inclui o que pode ser chamado de "conhecimento existencial". Os clássicos (antigos e contemporâneos) não são estudados como peças de museu, mas para que se encontrem orientações sobre a melhor forma de conduzir a vida. Neste sentido, a transmissão da cultura é uma missão própria da universidade, pelo menos segundo Ortega e a tradição da educação liberal.

2. Um plano de estudos com *core curriculum*

A instituição universitária tradicionalmente teve três missões fundamentais: a de preparar para uma profissão, a de pesquisar e a de formar pessoas (ou cidadãos). Em nosso modelo universitário, a missão de formar pessoas foi relegada, quiçá até esquecida. Isto é consequência de nos termos centrado na preparação profissional e na pesquisa. A educação humanista se orienta precisamente para o cultivo de conhecimentos e capacidades intelectuais que ajudem o amadurecimento dos jovens. Para isso, parece necessário que o plano de estudos inclua um *core curriculum* (ou algo equivalente). Trata-se de um conjunto de disciplinas transversais que todos os alunos devem estudar obrigatoriamente, independentemente de qual seja o seu curso. A maioria das disciplinas é de humanidades (literatura, pensamento, arte). No entanto, não são ministradas exatamente como seriam num curso específico, mas a partir de uma perspectiva "existencial". Trata-se de pensar com os clássicos, tendo-os como interlocutores na busca de respostas para questões fundamentais sobre a vida, a sociedade e o universo. Desta maneira, disponibiliza-se um marco de referência para integrar os conteúdos especializados do resto do plano de estudos. Ao mesmo tempo, a educação humanista não deve limitar-se ao

Conclusão

core curriculum, como se as outras disciplinas não pudessem (ou devessem) contribuir para o mesmo fim. Ela tem, antes, de abarcar o conjunto do plano de estudos. O que a experiência mostra é que o *core curriculum* pode atuar como um catalisador que orienta todo o ensino nessa direção.

3. Aposta no pluralismo metodológico

Numa abordagem humanista, o importante são os professores, e não as metodologias. Quanto mais liberdade o professor tiver para elaborar o plano de formação, melhor. Mesmo em programas educacionais com estrutura definida, como o dos *liberal arts colleges* ou o *core curriculum*, cabem abordagens diferentes. Por exemplo, os seminários de grandes livros (a leitura e comentário de obras clássicas) são uma modalidade com bons resultados, mas não se trata da única válida. Além disso, cada tradição universitária tem suas próprias formas de atingir os objetivos de uma educação humanista. A proposta da educação liberal (que continua viva, sobretudo, no mundo anglo-saxão) é a que mais se destaca na atualidade. No entanto, a tradição alemã da *Bildung*, por exemplo, responde aos mesmos tipos de preocupações e tem finalidades equivalentes. Não se trata de impor ou transplantar determinados modelos educacionais, mas de aprender com a história e a experiência de outros professores a fim de definir o próprio projeto.

4. Cultivar a perspectiva sapiencial

A educação humanística tem um objetivo ambicioso: a sabedoria. O primeiro passo consiste em valorizar o conhecimento não apenas em razão de sua utilidade, mas como um fim em si mesmo que aperfeiçoa a pessoa. Exige-se também que os alunos alcancem uma compreensão unitária da realidade, de modo que se vejam capazes de colocar cada conhecimento particular em seu correspondente lugar sistemático. Também é característico dessa perspectiva recordar que a educação consiste, em última instância, em ensinar a viver, ou seja, a usar a liberdade. O sábio tem consciência de que sua existência faz parte de uma longa cadeia, dotada de luzes e sombras. A história não começou com ele. Deste modo fica mais fácil assumir uma atitude de gratidão em relação ao que foi recebido. Aprender torna-se, pois, sobretudo descobrir tesouros, e não jogar trastes velhos no lixo, como se a única coisa útil fosse o atual ou o novo.

5. Desenvolver a capacidade de julgar

Pensar é julgar, e ensinar a pensar é ensinar a julgar. Por isso, a faculdade do juízo ocupa lugar central na obra dos grandes filósofos: por exemplo, em Aristóteles, com sua noção de *phronesis*; ou em Kant, com a de *Urteilskraft*. A característica de uma pessoa judiciosa é sua capacidade de captar o que é relevante numa situação ou problema. Ela é capaz de relacionar adequadamente o particular com o universal. Além disso, cultivar o juízo ajuda o indivíduo a ter consciência dos limites de seu conhecimento e, portanto, a saber o que não sabe. Previne-se, portanto, contra as várias formas de parcialismo ou dogmatismo. A capacidade de julgar não pode ser ensinada como se fosse um conhecimento: antes, só pode ser cultivada — por meio do exercício, da prática. A leitura reflexiva é uma das formas mais adequadas para desenvolvê-la.

Conclusão

6. Despertar o interesse pela verdade

A verdade é o objetivo do conhecimento. Sem ela não pode haver educação. No entanto, em nosso tempo, a verdade parece ter entrado em crise. Seja em razão do relativismo ou de novas abordagens dogmáticas, cada vez mais pessoas consideram que o diálogo como meio de indagação é um empreendimento fútil, fadado ao fracasso. Uma educação humanista reconhece que vivemos num mundo fragmentado e complexo, em que é difícil encontrar respostas para as grandes questões. O decisivo é que os alunos deem os primeiros passos em direção à verdade: nem todas as posições sobre o mesmo problema podem ser igualmente válidas; quem propõe algo o faz porque o considera melhor, mais verdadeiro ou razoável; a razão é uma bússola que permite orientar o pensamento. A característica do humanismo é despertar interesse (ou amor, se preferirem) pela verdade. Ausente esse interesse, o campo do conhecimento permanece fechado. Encontrar a verdade (ou a justiça, que é uma de suas formas) é difícil, mas não impossível. Seria um grande avanço se a verdade se tornasse o horizonte de toda atividade intelectual. Para começar, isso ajudaria a mudar uma organização social baseada na lógica do poder.

7. Reivindicar o conhecimento total

No ensino superior, impôs-se o modelo de "multiversidade", em que o ideal da unidade do conhecimento foi substituído pelo de sua atomização. Sabemos cada vez mais sobre cada vez menos. E o processo parece não ter fim. A educação em sentido genuíno precisa levar em conta todos os saberes. Um dos mais esquecidos em nosso contexto é a teologia. As perguntas sobre Deus costumam ser excluídas da sala de aula, como se a religião fosse apenas uma questão de crenças subjetivas. Se a educação pretende incluir as questões últimas, não pode prescindir das contribuições da teologia. Naturalmente, as avaliará com os mesmos critérios das demais ciências humanas. O saber teológico é resultado da aplicação da razão ao âmbito do sobrenatural. Embora em nosso contexto educacional essa abordagem possa parecer estranha, ela é comum em outras tradições universitárias. Não é algo apenas para os fiéis, mas para quem deseja compreender a realidade em todas as suas dimensões. A religião moldou a cultura de forma tão íntima que excluí-la leva a uma visão incompleta ou distorcida.

Por outro lado, custa-nos reconhecer que, na educação, a neutralidade é uma quimera. Não há fatos sem interpretação. Sempre se ensina a partir de uma tradição intelectual e de uma série de preconceitos. Mesmo nas abordagens "genealogistas", muitas vezes é preciso reconhecer que suas suspeitas e análises — em termos de poder — são feitas a partir de determinada concepção de conhecimento e de sociedade. É fundamental desenvolver uma consciência hermenêutica que explicite os pressupostos, a fim de que cada aluno possa compreender sua lógica interna e se posicionar diante deles. Cultiva-se assim um "hábito de distância" que é libertador.

8. Incluir a educação ética e do caráter

A preparação profissional que se adquire na universidade não pode prescindir de aspectos éticos, pois as pessoas, no desempenho de seu trabalho, sempre enfrentarão dilemas morais. Segundo uma perspectiva humanista, que considera as instituições educacionais como

Conclusão

locais de crescimento pessoal, esta formação ética não se limita à sua dimensão teórica (saber o que é justo), mas inclui também sua prática (aprender a ser justo), ou seja, o cultivo do caráter. Quanto ao ensino médio há certo consenso sobre a conveniência de zelar por essas duas dimensões. Na universidade deveria acontecer o mesmo. É verdade que chegam a ela pessoas legalmente adultas (embora ainda em fase de desenvolvimento pessoal). Todavia, as universidades são comunidades onde inevitavelmente surgem questões de integridade, respeito ou amizade. Embora ainda sejam poucos, os programas de formação do caráter para universitários mostram que é possível aliar o respeito à liberdade ao objetivo de contribuir para o amadurecimento ético. Não se trata de fazer os alunos passarem por um molde, nem de "habituá-los" a adquirir competências (*skills*) por meio de determinadas práticas, e sim de criar contextos apropriados para que eles se ocupem do "cuidado de si". Em sentido estrito, a virtude não pode ser ensinada, mas é possível projetar um ambiente educacional (uma comunidade) em que professores e alunos atuem como "parteiras" por meio do diálogo e da convivência.

9. O decisivo são as pessoas

Uma universidade é, antes de tudo, uma comunidade intelectual, um lugar de convivência culta entre alunos e professores. É por isso que as atuais tendências individualistas são problemáticas. Não apenas o saber foi atomizado, mas também as unidades acadêmicas. Apesar do que possa parecer, o futuro das instituições educacionais não depende do que é estrutural ou organizacional, e sim das pessoas. O que falta hoje é uma colaboração maior entre os professores. A burocracia sufocante, com sua lógica processualista, estende-se onde não há formas de solidariedade primária. Para oferecer uma educação melhor aos alunos, o decisivo é escolher bem e cuidar dos professores. Metodologias e recursos podem ajudar, mas nunca os substituem.

10. Ler os clássicos

É o último princípio, mas não o menos importante, é claro. O que mais determina o sucesso de um projeto de educação humanista é que se leia — de modo particular, que se leiam os clássicos (antigos e contemporâneos). Sua leitura abre as portas para o conhecimento, tanto em razão de seus conteúdos como das capacidades intelectuais que põe em prática. Ao lê-los, entra-se em contato com a tradição e se exercita a capacidade de julgar: nenhum livro clássico é chato ou vulgar. Antes, refletem a realidade em toda a sua riqueza e nuances. Eles dão testemunho do melhor e do pior da humanidade. São, portanto, uma escola de vida. Existem muitas maneiras de ler os clássicos, todas enriquecedoras. Na tradição da educação liberal, costuma-se fazê-lo nos chamados "seminários de grandes livros". Trata-se de uma metodologia nada original: propõe-se a discutir em aula os textos segundo o "método socrático" e a escrever ensaios argumentativos sobre questões existenciais. Seu objetivo é o de qualquer forma de educação desde a infância: ensinar a ler (com atenção), a escrever (de forma persuasiva) e a argumentar (com rigor). Não é pouca coisa.

Agradecimentos

Gostaria de aproveitar esta oportunidade para expressar uma série de agradecimentos, pois até agora não pude fazê-lo de forma pública. Em primeiro lugar, a Álvaro Sánchez-Ostiz, com quem tive a sorte de trabalhar desde o princípio nos projetos educacionais mencionados nestas páginas, por sua generosa dedicação, seu apoio incondicional e seus sábios conselhos.

Na Universidade de Navarra contraí uma dívida impagável com aqueles que fizeram parte da equipe do Core Curriculum Institute ao longo dos anos: Manuel Martín Algarra, Susana Aulestiarte, Beatriz Castillo, Juan A. Díaz, Reyes Duro, Rafael García Pérez, Antonino González, Cristina Martín, Miriam Latorre, Miguel Pérez de Laborda, Ricardo Piñero, Rocío del Prado, Sergio Sánchez-Migallón, Silvia Salcedo, Maialen Sesma e Eduardo Terrasa. Rosalía Baena e Julia Pavón, reitores da Faculdade de Filosofia e Letras, assim como Juan Chapa e Gregorio Guitián, reitores da Faculdade de Teologia, merecem menção especial pela magnanimidade de terem se envolvido pessoalmente no desenvolvimento do projeto. Não posso deixar de mencionar o interesse e o resoluto apoio dos funcionários do Gabinete do Reitor que acompanharam mais de perto estas iniciativas: María Iraburu, Juan Manuel Mora, Gonzalo Robles e Alfonso Sánchez-Tabernero.

Na educação, o decisivo são sempre os professores. Por isso, nada mais justo que me refira à equipe inicial do Programa de Grandes Livros — Itinerário Interfacultativo: Rosa Fernández Urtasun, Rafael García Pérez, Pablo Pérez, Álvaro Sánchez-Ostiz, Miquel Solans e Francisco Varo. Depois chegaram Gonzalo Alonso, Aitor Blanco, Rosalía Baena, Lucas Buch, Raquel Cascales, Manuel Cruz, Luis Echarte, Gabriel Insausti, Alejandro Martínez, Antonio Martínez Illán, Martín Montoya, Javier de Navascués, Fernando Simón, José B. Torres e Pilar Zambrano.

Devo muito a Roosevelt Montás e J. Scott Lee. O primeiro — até recentemente diretor do Center for the Core Curriculum da Universidade de Columbia — gentilmente atendeu-me quando de minha visita em 2012. Agradeço-lhe especialmente por ter escrito o prefácio deste livro. O segundo — diretor da Association for Core Texts and Courses (ACTC) até sua recente aposentadoria — foi quem mais ativamente contribuiu para o desenvolvimento do nosso programa. Não conheço ninguém com maior garra, entusiasmo e capacidade prática no campo da educação humanista.

Nos congressos anuais da ACTC, começamos a conhecer um pequeno grupo de professores europeus que, ao longo do tempo, foram dando corpo a uma iniciativa de promoção da educação humanista na Europa. O resultado mais tangível foram os três congressos sobre as "European Liberal Arts and Core Texts Education", organizados em Amsterdã, Winchester e Pamplona entre 2015 e 2019. Foi uma grande sorte ter colaborado com pessoas tão boas como Emma Cohen de Lara, Rebekah Howes, Gesche Keding e Nigel Tubbs.

Da ACTC, devo mencionar Kathleen Burk (então diretora) e Joshua Parens (atual presidente). Sou grato

Agradecimentos

pelo apoio — através do Liberal Arts Institute — ao congresso que organizamos em Navarra no ano de 2019. Da mesma forma, foi decisiva a participação de vários professores de Navarra nos seminários do evento "Tradition and Innovation: Liberal Arts Through Core Texts' Seminar", organizado pela ACTC.

Agradeço a Robert Pippin, então diretor do Committee of Social Thought da Universidade de Chicago, que me acolheu durante a minha estadia. Agradeço também a John W. Boyer, reitor do *college*, pela atenção a mim dispensada. Thomas Levergood, do Lumen Christi Institute de Chicago, abriu-me as portas para suas atividades, e ali pude conhecer boa parte da história que conto neste livro. Com Mark Alznauer, amigo e colega, conversei longamente sobre as humanidades e sobre sua experiência como estudante no St. John's College. A conferência que ele ministrou na Universidade de Navarra em 2012 foi a primeira sobre os seminários de grandes livros. Em Midtown, minha casa em Chicago, alguns ficarão felizes em conhecer os frutos dessa estadia, especialmente Jim Palos, ex-aluno de Columbia.

Aprendi muito sobre educação humanista ao conversar com as pessoas já mencionadas, bem como com outras figuras. Gostaria de citar Pablo Alzola, da Universidade Rey Juan Carlos; Sergio Clavero, da Universidade de Navarra; Miguel García-Valdecasas, da Universidade de Navarra; Javier García Herrería, do Colégio Retamar (Madri); Miguel Martí, da Universidade Francisco de Vitória; José Manuel Mora, da Universidade Complutense; Vicente de Haro, da Universidade Pan-Americana; e Vianney Domingo, da Universidade Internacional da Catalunha. De Borja López-Jurado, que presenciou minhas aventuras nos últimos anos, beneficiei-me de sua profunda vocação universitária, de sua gentileza e sabedoria. Provavelmente a pessoa com quem mais conversei sobre todos esses assuntos foi Jon Borobia: para mim, essas "grandes conversas" são tão valiosas quanto os grandes livros.

Coincidindo com o desenvolvimento deste projeto, tive a honra de ministrar vários seminários nas Jornadas Humanísticas organizadas pelo Colégio Tajamar (Madri), as quais reúnem, anualmente, graduados do ensino médio de toda a Espanha. As conversas com Paco Andrés e Luis Arenal sempre me enriqueceram. Não deixa de ser significativo que o colégio mais humanista que conheço esteja justamente num bairro socialmente desfavorecido como Vallecas. Algo sobre essa questão já foi dito nestas páginas.

Agradeço o convite de Lluís Clavell para escrever na *Acta philosophica*; o de Paul O'Callaghan para a *Rivista PATH*; o de Nigel Tubbs para uma enciclopédia sobre a filosofia da educação, pela editora Springer; o de Mercedes Esteban para me juntar aos colaboradores de *Universidad*; o de Juan Manuel Mora para intervir na REDECOM 2017; o de Rocío Mier y Terán para fazer uma apresentação nas Jornadas sobre Humanismo da Universidade Panamericana, em 2018; e o de Juan Chapa para intervir no Seminário para Professores da Faculdade de Teologia da Universidade de Navarra, em 2015. Na minha universidade também tive a oportunidade de apresentar alguns dos conteúdos deste livro no "I Seminário sobre a Inspiração Cristã das Universidades", do Programa DOCENS para professores em formação, e na disciplina de doutorado "Bases antropológicas e éticas da pesquisa na Universidade". Causou-me particular alegria ministrar, em 2017, a aula magistral na cerimônia de graduação da 44ª turma do meu colégio — El Vedat (Valência) —, sob o título: "Para

Agradecimentos

que existem universidades?" Por fim, agradeço as referências que Concepción Naval me deu sobre os estudos de formação do caráter.

Durante boa parte da minha vida universitária, vivi ou colaborei ativamente em *colegios mayores*: La Alameda (Valência), Belagua e Mendaur (Pamplona). São lugares em que pude experimentar uma convivência culta entre alunos e professores. O modelo de universidade residencial não é algo secundário à educação humanista. Sinto-me um afortunado por ter visto isso em primeira pessoa.

Nos simpósios de Ribadesella, promovidos por Alejandro Llano, Juan Arana e Lourdes Flamarique — para cuja equipe eles gentilmente me convidaram —, sempre encontrei estímulo intelectual. Neles pude apresentar e discutir algumas das ideias que figuram nestas páginas.

Jaume Aurell, Ernesto Oyarbide e vários dos que já mencionei leram, em diversos momentos, partes deste texto. De maneira especial, agradeço a Tomás Baviera, Sergio Clavero, Reyes Duro e ao meu pai, José María, pelas valiosas correções e sugestões que fizeram para melhorar a última versão do livro. Por último, quero registrar o interesse com que a Ediciones Encuentro recebeu o manuscrito desde o início, bem como o incentivo de Carlos Perlado para que este projeto se concretizasse.

Referências bibliográficas

Adler, Mortimer J. e Doren, Charles Van, *How to Read a Book: The Classic Guide to Intelligent Reading*, Touchstone, Nova York, 1972.

Alvira, Rafael, "Sobre la situación del humanismo hoy", em Rafael Alvira e Kurt Spang (orgs.), *Humanidades para el siglo XXI*, Eunsa, Pamplona, 2006, pp. 13-26.

Amela, Víctor *et alii*, "Para prosperar a lo grande hay que leer a los grandes. Entrevista a Edmund Phelps", em *La vanguardia*, 27 de maio de 2017.

Aranguren, Javier, "Harvard: la excelencia sin alma", em *Nueva revista*, 25 de fevereiro de 2019.

Armengou, Jaume, *Teoria de la semblança i govern universitari. Discurs d'ingrés a la Reial Acadèmia Europea de Doctors com a acadèmic numerari*, Reial Acadèmia Europea de Doctors, Barcelona, 2017.

Aristóteles, *Ética a Nicômaco*, ed. María Araujo e Julián Marías, Centro de Estudios Políticos y Constitucionales, Madri, 1990. —, *Metafísica*, trad. Tomás Calvo Martínez, Gredos, Madri, 1994.

Arthur, James, *Education with Character. The Moral Economy of Schooling*, RoutledgeFalmer, Londres/Nova York, 2003.

Aznar, Francisco-Javier *et alii*, "How Students Perceive the University's Mission in a Spanish University: Liberal versus Entrepreneurial Education?", em *Cultura y educación* 25 (2013), pp. 17-33.

Baena, Rosalía, "Reading from Pleasure. From Narrative Competence to Character Education", em Edward Brooks, Emma Cohen de Lara, Álvaro Sánchez-Ostiz e José M. Torralba (orgs.), *Literature and Character Education in Universities. Theory, Method, and Text Analysis*, Routledge, Londres/Nova York, 2021, pp. 17-33.

Bain, Ken, *Lo que hacen los mejores profesores universitarios*, trad. Óscar Barberá, Publicacions de la Universitat de València, València, 2007.

Baviera, Tomás, "El ideal de la educación universitaria", em *Nuestro tiempo* 666 (2011), pp. 98-103.

Bell, Daniel, *The Reforming of General Education. The Columbia Experience and its National Setting*, ed. ampliada, New Brunswick, Transaction, 2011 [1ª ed., Columbia University Press, Nova York, 1966].

Bellamy, François-Xavier, *Los desheredados. Por qué es urgente transmitir la cultura*, trad. Eduardo Martínez, Encuentro, Madri, 2018.

Bento XVI, "Discurso preparado para o encontro com a Universidade de Roma 'La Sapienza'", 17 de janeiro de 2008.

_____, "Discurso no encontro com os jovens professores universitários", Basílica de San Lorenzo de El Escorial, 19 de agosto de 2011.

_____, "Discurso na visita ao Parlamento alemão", 22 de setembro de 2011.

Bloom, Allan, *The Closing of the American Mind. How Higher Education Has Failed Democracy and Impoverished the Souls of Today's Students*, Simon & Schuster, Nova York, 2012.

Bottomore, Tom e Nisbet, Robert, *Historia del análisis sociológico*, Amorrortu editores, Buenos Aires, 1978.

Bohlin, Karen E., "Character Education at the University: A Worthy Purpose", em James Arthur e Karen E. Bohlin, *Citizenship and Higher Education. The Role of Universities in Communities and Society*, Routledge, Londres/Nova York, 2005, pp. 73-88.

Boyer, John W., *A Twentieth-Century Cosmos: The New Plan and The Origins of General Education at Chicago*, Occasional Papers on Higher Education XVI, The College of the University of Chicago, 2006.

Brooks, David, "The Organization Kid", em *The Atlantic Monthly*, abril de 2001, pp. 40-54.

Brooks, Edward; Brant, James; e Lamb, Matthew, "How Can Universities Cultivate Leaders of Character? Insights from a Leadership and Character Development Program at the University of Oxford", em *International Journal of Ethics Education* 4 (2019), pp. 167-182.

Brooks, Edward; Cohen de Lara, Emma; Sánchez-Ostiz, Álvaro; Torralba, José M. (orgs.), *Literature and Character Education in Universities. Theory, Method and Text Analysis*, Routledge, Londres/Nova York, 2021.

Calleja, Ricardo, "Father Hesburgh y los dilemas de la 'gran universidad católica'", em *Nueva revista*, 7 de novembro de 2019.

Cantos, Marcos, *Razón abierta. La idea de universidad en J. Ratzinger / Bento XVI*, Universidad Francisco de Vitoria/BAC, Madri, 2015.

Carr, David, "Moral Values and the Teacher: Beyond the Paternal and Permissive", em *Journal of Philosophy of Education* 27 (1993), pp. 193-207.

_____, "On the contribution of literature and the arts to the educational cultivation of moral virtue, feeling and emotion", em *Journal of Moral Education* 34 (2005), pp. 137-151.

_____, "Four Perspectives on the Value of Literature for Moral and Character Education", em *The Journal of Aesthetic Education* 48 (2014), pp. 1-16.

_____, "Virtue and Character in Higher Education", em *British Journal of Educational Studies* 65 (2017), p. 109-124.

Chesterton, Gilbert K., *Lo que está mal en el mundo*, trad. Mónica Rubio, Acantilado, Barcelona, 2008.

Clavell, Lluís, "Para superar la fragmentación del saber", em Tomás Trigo (org.), *Dar razón de la esperanza*, Pamplona, 2004, pp. 1149-1160.

_____, *Razón y fe en la universidad: ¿oposición o colaboración?*, CEU Ediciones, Barcelona, 2010.

Cohen de Lara, Emma, "Liberal Education and Core Texts: The Case of the Netherlands", em Emma Cohen de Lara e Hanke Drop (orgs.), *Back to the Core. Rethinking Core Texts in Liberal Arts and Sciences Education in Europe*, Vernon Press, Wilmington (DE), 2017, pp. 43-59.

Collini, Stefan, *What Are Universities For?*, Penguin, Londres, 2012.

Culler, A. Dwight, *The Imperial Intellect. A Study of Newman's Educational Ideal*, Yale University Press, New Haven/Londres, 1955.

Dabdoub, Juan Pablo, "Para devolver a la educación su sentido originario", em *Nuestro tiempo* 709 (2021), pp. 26-33.

D'Souza, Mario O., "*Ex corde Ecclesiae*, Culture and the Catholic University", em *Journal of Catholic Education* 6 (2002), pp. 215-232.

Deresiewicz, William, "The Disadvantages of an Elite Education", em *The American Scholar*, 1º de junho de 2008.

_____, "Solitude and Leadership", em *The American Scholar*, 1º de março 2010.

_____, *El rebaño excelente. Cómo superar las carencias de la educación universitaria de élite*, trad. David Cerdá, Rialp, Madri, 2019.

Derrick, Christopher, *Huid del escepticismo. Una educación liberal como si la verdad contara para algo*, trad. Marta González, Encuentro, Madri, 1982.

Ellis, John Tracy, "American Catholics and the Intellectual Life", em *Thought* 30 (1955), pp. 351-388.

Escámez, Juan; García López, Rafaela; Jover, Gonzalo, "Restructuring University Degree Programmes: A New Opportunity for Ethics Education?", em *Journal of Moral Education* 37 (2008), pp. 41-53.

Esteban, Francisco, *La universidad light. Un análisis de nuestra formación universitaria*, Paidós, Barcelona, 2019.

Ferguson, Andrew, "Afterword", em Allan Bloom, *The Closing of the American Mind*, Simon & Schuster, Nova York, 2012, pp. 383-393.

Gadamer, Hans-Georg, *Verdad y método. Fundamentos de una hermenéutica filosófica*, trad. Ana Agud e Rafael Agapito, Sígueme, Salamanca, 1984, pp. 31-37.

_____, "La verdad en las ciencias del espíritu", em *Verdad y método II*, trad. Manuel Olasagasti, Sígueme, Salamanca, 1992, pp. 43-49.

Galán, Arturo (org.), *El perfil del profesor universitario. Situación actual y retos de futuro*, Encuentro, Madri, 2007.

García-Máiquez, Enrique, "Grandes libros, grandes búsquedas", em *Nueva revista* 165 (2018), pp. 2-19.

García Gual, Carlos, "Mi experiencia universitaria y otras divagaciones", em Jesús Hernández, Álvaro Delgado-Gal e Xavier Pericay (orgs.), *La universidad cercada. Testimonios de un naufragio*, Anagrama, Barcelona, 2013, pp. 147-160.

_____, "Los clásicos nos hacen críticos", em *El país*, 23 de outubro de 2016.

García Pérez, Rafael, "Repensar el Derecho desde una antropología cristiana", em Antonio Aranda (org.), *Identidad Cristiana. Coloquios Universitarios*, Pamplona, Eunsa, 2007, pp. 233-238.

_____, "Desfragmentar la Universidad: el *Core Curriculum* como marco integrador de saberes", em *Documentos Core Curriculum*, 1 (2018).

General Education in a Free Society. Report of the Harvard Committee, Cambridge (MA), Harvard University Press, 1945.

General Education in School and College, Harvard University Press, Cambridge (MA), 1952.

Gil Cantero, Fernando e Sánchez Rojo, Alberto, "Hacia una pedagogía universitaria. Los seminarios de lectura en la universidad", em Fernando Gil Cantero e David Reyero García (orgs.), *Educar hoy en la Universidad de hoy. Propuestas para la renovación de la vida universitaria*, Encuentro, Madri, 2015, pp. 34-49.

Giménez-Amaya, José Manuel e Sánchez-Migallón, Sergio, *Diagnóstico de la Universidad en Alasdair MacIntyre*, Pamplona, Eunsa, 2011.

Giménez-Amaya, José Manuel, *La Universidad en el proyecto sapiencial de Alasdair Macintyre*, Eunsa, Pamplona, 2020.

Ginsberg, Benjamin, *The Fall of the Faculty. The Rise of the All-Administrative University and Why it Matters*, Oxford University Press, Oxford, 2011.

Gioia, Denis A., "From Individual to Organizational Identity", em D. A. Whetten e P. C. Godfrey, (orgs.), *Identity in Organizations. Building Theory Through Conversations*, Sage Publications, Thousand Oaks, CA, 1998, pp. 17-31.

Gleason, Philip, "What made Catholic Identity a Problem?", em Theodore M. Hesburgh (org.), *The Challenge and Promise of a Catholic University*, University of Notre Dame Press, Notre Dame, 1994, pp. 91-102.

Gleason, Philip, *Contending With Modernity. Catholic Higher Education in the Twentieth Century*, Oxford University Press, Nova York, 1995.

Gless, Darryl L. e Herrnstein, Barbara (orgs.), *The Politics of Liberal Education*, Duke University Press, Durham, 1991.

Golovashkina, Anastasia, "Leading Questions. Contemporary Obsession with Leadership has Muddled the Notion's True Meaning", em *The Maroon*, 11 de maio de 2012, pp. 5-6.

Gómez-Ferrar Lozano, Guillerno, *La inteligencia religiosa. El sentido de la educación*, PPC, Madri, 2019.

González, Ana Marta, "La identidad de la institución universitaria", em *Aceprensa*, 1º de dezembro de 2010.

Graff, Gerald e Birkensteinm, Cathy, *"They Say / I Say". The Moves That Matter in Academic Writing*, 3ª ed., W. W. Norton, Nova York/ Londres, 2014.

Gracia, Javier, *El desafío ético de la educación*, Dykinson, Madri, 2018.

Gray, Hanna H., *Searching for Utopia. Universities and their Histories*, University of California Press, Berkeley, 2012.

Guardini, Romano, *Tres escritos sobre la Universidad*, ed. Sergio Sánchez-Migallón, Eunsa, Pamplona, 2012.

Referências bibliográficas

Harpham, Geoffrey G., *The Humanities and the Dream of America*, The University of Chicago Press, Chicago/Londres, 2011.

Hernández, Jesús; Delgado-Gal, Álvaro; Pericay, Xavier (orgs.), *La universidad cercada. Testimonios de un naufragio*, Anagrama, Barcelona, 2013.

Hitz, Zena, *Lost in Thought. The Hidden Pleasures of an Intellectual Life*, Princeton University Press, Princeton (NJ), 2020.

Homero, *Odisea*, trad. José Luis Calvo, Cátedra, Madri, 1987.

Hössle, Vittorio, "La idea de universidad ante los desafíos del siglo XXI", trad. Miguel Martí e Miquel Solans, em *Documentos Core Curriculum* 8 (2018).

Hunter, James Davidson, *Culture Wars. The Struggle to Define America*, Basic Books, Nova York, 1991.

Hutchins, Robert M., *The Higher Education in America*, Yale University Press, New Haven, 1936.

_____, "The University and Character", em *Commonweal* 27, 22 Abril 1938, p. 710-711.

_____, *The University of Utopia*, The University of Chicago Press, Chicago/Londres, 1953.

Huxley, Aldous, *Un mundo feliz*, trad. Jesús Isaías Gómez López, Cátedra, Madri, 2013.

Illanes, José Luis, "Teología y ciencias en una visión cristiana de la universidad", em *Scripta theologica* 14 (1982/3), pp. 873-888.

Jaeger, Werner, *Paideia. Los ideales de la cultura griega*, trad. Joaquín Xirau, Fondo de Cultura Económica, México, 1942.

Jaspers, Karl, *La idea de la universidad*, trad. Sergio Marín, Eunsa, Pamplona, 2013.

João Paulo II, *Discurso de fundação do Pontifício Conselho para a Cultura*, 1982.

_____, *Ex corde Ecclesiae*, 1990.

_____, *Fides et ratio*, 1998.

Kant, Immanuel, *La metafísica de las costumbres*, trad. Adela Cortina e Jesús Conill, Tecnos, Madri, 1989.

_____, *Crítica de la razón pura*, trad. Pedro Ribas, Alfaguara, Madri, 2004.

Ker, Ian, *La idea de una universidad en Newman*, Universidad San Dámaso, Madri, 2012.

_____, "Newman on Education", em *Studies in Catholic Higher Education*, December 2008.

Kerr, Clark, *The Uses of the University*, Cambridge (MA), Harvard University Press, 2001.

Kimball, Bruce A., *Orators & Philosophers. A History of the Idea of Liberal Education*, Teachers College Press, Nova York, 1986.

Kimball, Roger, *Tenured Radicals. How Politics Has Corrupted our Higher Education*, Harper and Row, Nova York, 1990.

Referências bibliográficas

Kiss, Elizabeth e Euben, J. Peter, "Debating Moral Education: An Introduction", em Elizabeth Kiss e J. Peter Euben (orgs.), *Debating Moral Education. Rethinking the Role of the Modern University*, Duke University Press, Durham, 2010, pp. 3-25.

Lacalle, María, *En busca de la unidad del saber Una propuesta para renovar las disciplinas universitarias*, Editorial Universidad Francisco de Vitoria, Madri, 2018.

Lamb, Matthew; Brant, James; Brooks, Edward, "How is Virtue Cultivated? Seven Strategies for Postgraduate Character Development", em *Journal of Character Education* 17 (2021), 81-108.

Lee, J. Scott, *Invention. The Arts of Liberal Arts*, Respondeo Books, Santa Fe (NM), 2020.

Levine, Donald N., *Powers of the Mind. The Reinvention of Liberal Learning in America*, The University of Chicago Press, Chicago, 2006.

Lewis, Harry W., *Excellence Without a Soul. Does Liberal Education Have a Future?*, Public Affairs, Nova York, 2006.

Llano, Alejandro, *La nueva sensibilidad*, Espasa-Calpe, Madri, 1988.

_____, *Discursos en la universidad (1991-1996)*, Universidade de Navarra, Pamplona, 2001.

_____, *Repensar la Universidad. La Universidad ante lo nuevo*, Barcelona, Ediciones Internacionales Universitarias, 2003.

_____, *Segunda navegación. Memorias 2*, Encuentro, Madri, 2010.

_____, *Caminos de la filosofía. Conversaciones con Lourdes Flamarique, Marcela García y José María Torralba*, Eunsa, Pamplona, 2011.

Llovet, Jordi, "Diálogos estériles y una carta", em Jesús Hernández, Álvaro Delgado-Gal e Xavier Pericay (orgs.), *La universidad cercada. Testimonios de un naufragio*, Anagrama, Barcelona, 2013, pp. 231-245.

Lorda, Juan Luis, *La vida intelectual en la universidad. Fundamentos, experiencias y libros*, Eunsa, Pamplona.

Lukianoff, Greg e Haidt, Jonathan, *The Coddling of the American Mind. How Good Intentions and Bad Ideas are Setting up a Generation for Failure*, Penguin Press, Nova York, 2018.

Luri, Gregorio, *Sobre el arte de leer. 10 tesis sobre la educación y la lectura*, Plataforma Editorial, Barcelona, 2020.

MacIntyre, Alasdair, *After Virtue. A Study in Moral Theory*, University of Notre Dame Press, Notre Dame (IN), 1981.

_____, *Three Rival Versions of Moral Enquiry. Encyclopaedia, Genealogy, and Tradition*, University of Notre Dame Press, Notre Dame (IN), 1990.

_____, "Aquinas's Critique of Education: Against His Wwn Age, Against Ours", em A. Oksenberg Rorty (org.), *Philosophers on Education: New Historical Perspectives*, Routledge, Londres, 2005, pp. 93-106.

_____, "The End of Education: The Fragmentation of the American University", em *Commonweal* 133/18, 20 de outubro 2006, pp. 10-14.

_____, *God, Philosophy, Universities. A Selective History of the Catholic Philosophical Tradition*, Lanham, Sheed & Ward, 2009.

Marcus, Steven, "Humanities from Classics to Cultural Studies: Notes Toward the History of an Idea", em *Daedalus* 135 (2006), pp. 15-21.

Maritain, Jacques, *Education at the Crossroads*, Yale University Press, New Haven, 1943.

McInerny, Ralph, "The Advantages of a Catholic University", em Theodore M. Hesburgh (org.), *The Challenge and Promise of a Catholic University*, University of Notre Dame Press, Notre Dame, 1994, pp. 175-186.

Mora, Juan Manuel, "Universidades de inspiración cristiana: identidad, cultura, comunicación", em *Romana* XXVII (2012), pp. 194-220.

Mora, José Manuel, *Leer o no leer. Sobre identidad en la Sociedad de la Información*, Madri, Biblioteca Nueva, 2010.

_____, "In Dialogue with *Antigone*. Ricoeur's Theory of Reading as a Tool for Designing a Core Texts Course", em Edward Brooks, Emma Cohen de Lara, Álvaro Sánchez-Ostiz e José M. Torralba (orgs.), *Literature and Character Education in Universities. Theory, Method, and Text Analysis*, Routledge, Londres/Nova York, 2021, pp. 34-46.

Mulcahy, D. G., *The Educated Person. Toward a New Paradigm for Liberal Education*, Rowman and Littlefield, Lanham, MD, 2008.

Naval, Concepción; González-Torres, María Carmen; Bernal, Aurora, "Character Education. International Perspectives", em *Pedagogia e vita*, 73 (2015), pp. 155-184.

Newman, John Henry, *The Idea of a University*, ed. Martin J. Svaglic, Notre Dame (IN), University of Notre Dame Press, 1982.

_____, *Discursos sobre el fin y la naturaleza de la educación universitaria*, trad. José Morales, Eunsa, Pamplona, 1996.

_____, *La idea de la universidad. II, Temas universitarios tratados en Lecciones y Ensayos ocasionales*, trad. Víctor García Ruiz, Encuentro, Madri, 2014.

Nubiola, Jaime, "Libertad, verdad, cordialidad: el diálogo como clave de la vida universitaria", em *Documentos Core Curriculum* 14 (2019).

Nussbaum, Martha C., "Undemocratic Vistas", em *The New York Review of Books*, 5 de novembro de 1987.

_____, *Cultivating Humanity. A Classical Defense of Reform in Liberal Education*, Harvard University Press, Cambridge (MA), 1997.

_____, *Not for Profit. Why Democracy Needs the Humanities*, Princeton University Press, Princeton/Oxford, 2010.

O'Callaghan, Paul, "El papel de la teología en la promoción de una universidad liberal y pluralista", trad. Sergio Marín, em *Documentos Core Curriculum* 4 (2018).

Referências bibliográficas

Ortega y Gasset, José, *Misión de la universidad* [1930], em José Ortega y Gasset, *Obras Completas*, Tomo IV, Revista de Occidente, Madri, 1947, pp. 313-353.

_____, *La rebelión de las masas*, Alianza, Madri, 2014.

Palin, Adam, "Financial Crisis Forced Business Schools to Change Curriculum", em *Financial Times*, 23 de junho de 2013.

Pascual i Martín, Àngel, "Democràcia, racionalitat i educació. La polèmica Dewey-Hutchins en ocasió de 'The Higher Learning in America'", em *Temps d'educació 53* (2017), pp. 227-244.

_____, "Estudio introductorio. Una educación general en la universidad", em Robert M. Hutchins, *La educación superior en América*, trad. Àngel Pascual Martín, Pamplona, 2020, pp. 11-58.

Pennac, Daniel, *Como una novela*, trad. Joaquín Jordá, Anagrama, Barcelona, 1993.

Pérez-Díaz, Víctor, "La educación liberal como la formación del hábito de la distancia", em *Formación y empleo*, Fundación Argentaria-Visor, Madri, 2000.

Pérez-Díaz, Víctor e Juan C. Rodríguez, *Educación superior y futuro de España*, Fundación Santillana, Madri, 2001.

Proctor, Robert E., *Defining the Humanities*, Indiana University Press, Bloomington (IN), 1988.

Ramió, Carles, *Manual para los atribulados profesores universitarios*, Catarata, Madri, 2014.

Recchie, Benjamin, "Cloth Bound. How the Great Books Seminar Turned a Radical Poet into a Philosopher and Priest", em *The Core. College Magazine of the University of Chicago*, verão de 2011.

Rich, Motoko, "It's the Economy, Honey. A Power Couple Preaches the Science Of Family and Finance", em *The New York Times* — Sunday Business, 12 de fevereiro de 2012, pp. 1-2.

Rius, Mayte, "Las humanidades en la era 2.0", em *La vanguardia*, 14 de outubro de 2011.

Romera, Luis, "La razón responsable y la Universidad: el lugar de la Teología", em *Documentos Core Curriculum* 17 (2020).

Rose, Matthew, "The Liberal Arts and the Virtues. A Thomistic History", em *Logos* 18 (2015), pp. 35-65.

Saint-Exupéry, Antoine de, *El principito*, trad. Bonifacio del Carril, Salamandra, Barcelona, 2008.

Sánchez-Ostiz, Álvaro e Torralba, José María, "The Great Books Program at the University of Navarra: Report on the Qualitative Narrative Assessment of the Core Curriculum", em M. Kathleen Burk e David DiMattio (orgs.), *Qualitative Narrative Assesment: Core Text Programs in Review*, Association for Core Texts and Courses, 2018, pp. 35-75.

Sánchez-Tabernero, Alfonso, "La promoción de una cultura institucional reflexiva para la formación del profesorado. Experiencias en la Universidad de Navarra", em *Revista Educatio catholica* 2 (2015), pp. 33-41.

Referências bibliográficas

Sánchez-Tabernero, Alfonso e Torralba, José María, "The University of Navarra's Catholic-inspired education", em *International Studies in Catholic Education* 10 (2018), pp. 15-29.

Santo Agostinho, *Confesiones*, trad. Primitivo Tineo, Ciudad Nueva, Madri, 2003.

Searle, John, "The Storm Over the University", em *The New York Review of Books*, 6 de dezembro de 1990.

Séneca, *Cartas a Lucilio*, ed. Francisco Socas, Cátedra, Madri, 2018, 88/2, p. 473.

Shared Inquiry Handbook, The Great Books Foundation, Chicago, 2014.

Snow, Charles Percy, *The Two Cultures and the Scientific Revolution*, Cambridge University Press, Nova York, 1959.

Strauss, Leo, *An Introduction to Political Philosophy. Ten Essays*, ed. Hilail Gildin, Wayne State University Press, Detroit, 1975.

Tamen, Miguel, "Can Liberal Studies be Brought Back into European Universities?", em Emma Cohen de Lara e Hanke Drop (orgs.), *Back to the Core. Rethinking Core Texts in Liberal Arts and Sciences Education in Europe*, Vernon Press, Wilmington (DE), 2017, pp. 33-41.

Torralba, José María, "La idea de educación liberal. De cómo se inventaron las humanidades", em Juan Arana, (org.), *Falsos saberes. La suplantación del conocimiento en la cultura contemporánea*, Biblioteca Nueva, Madri, 2013, pp. 61-74.

_____, "La educación liberal como misión de la universidad: introducción bibliográfica al debate sobre la identidad de la universidad", em *Acta philosophica* 22 (2013), pp. 257-276.

_____, "Formación humanística en la universidad. Los tres rasgos de la educación liberal", em Montserrat Herrero, Alfredo Cruz, Raquel Lázaro e Alejandro Martínez (orgs.), *Escribir en las almas. Estudios en honor del profesor Rafael Alvira*, Eunsa, Pamplona, 2014, pp. 921-938.

_____, "La doble identidad de las universidades de inspiración cristiana según *Ex corde Ecclesiae*", em *Rivista PATH (Pontificia Academia Theologiae)* 14 (2015), pp. 131-150.

_____, "El debate sobre la necesidad de las humanidades: ¿Qué humanidades? ¿Necesarias para quién?", em *Universidad. El blog de Studia XXI*, 13 de junho de 2016.

_____, "Character and Virtue in Liberal Education", em Michael A. Peters (org.), *The Encyclopedia of Educational Philosophy and Theory*, Springer, Cingapura, 2017.

_____, "Una asignatura pendiente: la educación ética y del carácter en la universidad", em *Universidad. El blog de Studia XXI*, 23 de novembro de 2018.

_____, "'Post-millennials': claves intelectuales y éticas", em *Aceprensa*, 9 de setembro de 2019.

_____, "Educación intelectual y educación del carácter en la universidad. La perspectiva de la educación liberal", em *Documentos Core Curriculum* 23 (2021).

Referências bibliográficas

Twenge, Jean M., *iGen: Why Today's Super-Connected Kids Are Growing Up Less Rebellious, More Tolerant, Less Happy*, Atria Books, Nova York, 2017.

Villar, José Ramón, "Transmisión de la fe y universidad", em *Scripta theologica* 33 (2001), pp. 183-190.

Ward, F. Champion (org.), *The Idea and Practice of General Education. An Account of the College of the University of Chicago, 1950,* Centennial Publications of the University of Chicago Press, 1992.

Van der Wende, Marijk, "The Emergence of Liberal Arts and Sciences Education in Europe: A Comparative Perspective", em *Higher Education Policy* 24 (2011), pp. 233-253.

_____, "Trends Towards Global Excellence in Undergraduate Education. Taking the Liberal Arts Experience into the 21st Century", em *CSHE* 18.12.2012.

Zimmer, Robert J., "Free Speech Is the Basis of a True Education", em *The Wall Street Journal*, 26 de agosto de 2016.

Zubiri, Xavier, *Naturaleza, Historia, Dios*, Alianza, Madri, 1987.

Aos curiosos se adverte
que este livro foi impresso
em papel offset 75 g/m²
e a capa em papel cartão 250 g/m²
para a Quadrante Editora, de São Paulo,
no início de 2025.

OMNIA IN BONUM